Hellmich / Kiper
Einführung in die Grundschuldidaktik

Die Reihe »Beltz Studium« wird herausgegeben von Jürgen Oelkers und Klaus Hurrelmann.

Frank Hellmich / Hanna Kiper

Einführung in die Grundschuldidaktik

Beltz Verlag · Weinheim und Basel

Dr. phil. *Frank Hellmich*, Jg. 1975, ist Studienrat im Hochschuldienst für die Bereiche Schulpädagogik/Grundschulpädagogik an der Westfälischen Wilhelms-Universität Münster.

Dr. phil. habil. *Hanna Kiper*, Jg. 1954, ist Professorin für Schulpädagogik an der Carl von Ossietzky-Universität Oldenburg.

Lektorat: Peter E. Kalb

© 2006 Beltz Verlag · Weinheim und Basel
www.beltz.de
Herstellung: Klaus Kaltenberg
Satz: Druckhaus »Thomas Müntzer«, Bad Langensalza
Druck: Druck Partner Rübelmann, Hemsbach
Umschlaggestaltung: Federico Luci, Odenthal
Umschlagabbildung: © Jim Dandy/Picture Press, Hamburg
Printed in Germany

ISBN 3-407-25423-7

Inhaltsverzeichnis

Einführung

Das Anliegen dieses Bandes ist eine Einführung in das Grundlagenwissen der Elementar- und Grundschuldidaktik. Die Darstellung der Themen in den einzelnen Kapiteln erfolgt gleichermaßen theorie-, empirie- und praxisbezogen. Wir bündeln verschiedene disziplinäre Perspektiven und berücksichtigen bei unseren Darstellungen Erträge aus den Fachdidaktiken und der Entwicklungspsychologie.

Zunächst skizzieren wir bisherige *Diskussionslinien* in der Grundschulpädagogik. Wir stellen das Berufsleitbild der Kultusministerkonferenz (KMK) an den Anfang, um die Berufsaufgaben zu markieren. Auf dieser Grundlage nennen wir Inhalte und Themen der Grundschulpädagogik, Kontroversen um Auftrag, Gestalt und Dauer dieser Schulform, diskutieren den Bildungsauftrag der Grundschule und nennen – in Anlehnung an die Bestimmungen der KMK – die Lernbereiche und Fächer, Prinzipien der Grundschularbeit und Konzeptionen des Grundschulunterrichts.

Wir stellen grundsätzliche Überlegungen einer *entwicklungsorientierten Pädagogik* vor. Die Didaktik des Elementar- und Primarbereichs muss auf der Grundlage des Wissens über kindliche Entwicklungsprozesse Erziehung, Bildung und Lernen so anlegen, dass Kinder die jeweiligen Entwicklungsaufgaben durch geeignete Arrangements, die Spiel- und Lernerfahrungen ermöglichen, durch Stimuli und Lehr-Lern-Prozesse erfolgreich bewältigen. Wir stellen dar, dass der Elementarbereich und die Grundschule stärker als bisher, ausgehend vom Konzept »anschlussfähiger Bildung«, Bildungs- und Lernprozesse anlegen muss, die ein erfolgreiches Weiterlernen in den sich anschließenden Einrichtungen ermöglichen.

Im Kapitel über die *Pädagogik des Elementarbereichs* zeigen wir, mit welchen Fähigkeiten und Fertigkeiten die Kinder in diese

Schulform eintreten mit dem Ziel, Grundschullehrkräften ein kompetentes Kooperieren mit den Pädagoginnen und Pädagogen des Elementarbereiches, auch unter dem Gesichtspunkt einer frühen Förderung der Kinder zu ermöglichen. Neben einer Auseinandersetzung mit der organisatorischen Gestalt der Angebote im Elementarbereich interessieren uns die pädagogischen Konzeptionen.

Übergänge aus dem Elementar- in den Primarbereich sind Einschnitte im kindlichen Lebenslauf. Von daher besteht die Notwendigkeit, sie pädagogisch zu begleiten und zu gestalten. Im Kapitel: *Anfangsunterricht* diskutieren wir Modelle einer Verzahnung von Elementar- und Primarbereich und, basierend auf einer Unterscheidung der Begriffe Schulreife, Schulfähigkeit und Schulbereitschaft, neuere Konzeptionen der Förderung der Kinder.

Im Kapitel *Bedingungen des Wissensaufbaus* gehen wir thematisch auf verschiedene Einflussfaktoren ein, die das Verhalten von Kindern, ihre Sozialisationsprozesse sowie ihre Kompetenzentwicklung im Verlauf der Kindergarten- und der Grundschulzeit prägen. Wir unterscheiden in diesem Zusammenhang zwischen individuellen, institutionellen und außerinstitutionellen Bedingungen bei Wissenserwerbsprozessen.

In einem weiteren Kapitel widmen wir uns Fragen nach domänenspezifischen Bildungsprozessen, die es im Grundschulunterricht, speziell im Anfangsunterricht, zu initiieren gilt. Den Schwerpunkt unserer Betrachtungen legen wir – als Reaktion auf die von der Ständigen Kultusministerkonferenz erlassenen Bildungsstandards für den Grundschulbereich (vgl. KMK 2004a/b) – auf die so genannten Kernfächer des Grundschulunterrichts: Deutsch und Mathematik. Daneben skizzieren wir unter inhaltlichem und anforderungsbezogenem Aspekt das Unterrichten im Sachunterricht und im Fremdsprachenunterricht.

Im Vordergrund des sich anschließenden Kapitels steht die Förderung fachübergreifender Kompetenzen und motivationaler Einstellungen.

Im darauf folgenden Abschnitt thematisieren wir das *Lehren und Lernen* im Grundschulunterricht. Dabei setzen wir uns mit dem Verhältnis von Grundschuldidaktik und psychologischen Theorien des Lehrens und Lernens auseinander. Wir markieren, inwiefern ein Lernen in institutionellen Kontexten anders anzulegen ist als das Lernen eines einzelnen Kindes. Wir entfalten die Konzeption eines entwicklungsorientierten Grundschulunterrichts und markieren Ansätze zu seiner Weiterentwicklung. Wir gehen auf Lehr- und Lernverfahren ein, die besonders geeignet sind, Wissen von Kindern bei der Bearbeitung von Problemen und bei der Auswertung von Erfahrungen zusammenzubinden. Abschließend denken wir über Chancen und Probleme des computerunterstützten Lehrens und Lernens nach.

Unter der Überschrift: *Mit Eltern kooperieren* diskutieren wir, welche Auswirkungen die veränderte Position der Eltern, auch durch qualitätssichernde Verfahren wie Schulinspektionen und Schulevaluationen, für die Gestaltung der geforderten Kooperation im Bereich Erziehung und Lernen hat. Wir plädieren dafür, auf der Grundlage einer deutlichen Trennung der Aufgaben von Schule und Elternhaus und der Unterscheidung der professionellen Rolle der Lehrkräfte und der persönlich bestimmten Interaktion der Eltern mit ihren Kindern, diese Kooperation komplementär anzulegen.

Während in vielen anderen Ländern die Grundschule bis zu neun Schulbesuchsjahre umfasst und die Schülerinnen und Schüler lange gemeinsam beschult werden, endet die gemeinsame Schulzeit in der Bundesrepublik Deutschland nach vier (in Berlin und Brandenburg: nach sechs) Schulbesuchsjahren. Die große Spreizung in den Schulleistungsergebnissen der Schülerinnen und Schüler und die hohe soziale Selektivität des deutschen Schulsystems hängen auch mit dem frühen Übergang in die weiterführenden Schulen, den unterschiedlich förderlichen Schulkulturen und der Praxis der *Schullaufbahnempfehlungen* zusammen. In diesem Kapitel erörtern wir Übertrittsregeln, Verfahren zur Erstellung der Grundschulgutachten, ihren prognostischen Wert und Fragen der Gestaltung des Übergangs in die weiterführenden Schulen.

Am Ende des vorliegenden Buches besprechen wir zukünftige Perspektiven und Entwicklungstendenzen im Bereich der *Grundschulforschung*.

Münster/Oldenburg, im April 2006   *Frank Hellmich/Hanna Kiper*

Bisherige Diskussionslinien

Eine »Einführung in die Grundschulpädagogik« wird von denjenigen gelesen, die planen, den Beruf der Grundschullehrerin oder des Grundschullehrers zu ergreifen. Im Gegensatz zu einem Studium, das sich vor allem an Bildung, Wissenschaft und/oder Fächern und ihren Didaktiken orientiert, wird in jüngster Zeit darauf gesetzt, stärker als bisher das künftige Berufsfeld von Lehrerinnen und Lehrern zum Ausgangspunkt für die Aneignung pädagogischen Wissens zu wählen (vgl. auch Kiper 2001, S. 12ff.). Im Dezember 2004 hat die Kultusministerkonferenz Standards für die Lehrerbildung verabschiedet. Sie orientieren sich am Berufsleitbild. In der gemeinsamen Erklärung des Präsidenten der Kultusministerkonferenz und der Vorsitzenden der Bildungs- und Lehrergewerkschaften sowie ihrer Spitzenorganisationen Deutscher Gewerkschaftsbund (DGB) und DBB – Beamtenbund und Tarifunion unter der Überschrift: »Aufgaben von Lehrerinnen und Lehrern heute – Fachleute für das Lernen« werden Lehrkräfte als *Fachleute* bezeichnet. Als ihre Kernaufgabe erscheint die »Planung, Organisation und Reflexion von Lehr- und Lernprozessen sowie ihre individuelle Bewertung und systemische Evaluation«. »Für die berufliche Arbeit sind umfassende fachwissenschaftliche wie auch pädagogisch-didaktische und soziologisch-psychologische Kompetenzen sowie kommunikative und soziale Fähigkeiten erforderlich.« (Gemeinsame Erklärung 2001, S. 276). Darüber hinaus wird explizit an der »Erziehungsaufgabe« der Lehrerinnen und Lehrer festgehalten. Besonders eingegangen wird auf ihre Beurteilungsaufgabe. Eingefordert werden pädagogisch-psychologische und diagnostische Kompetenzen, die Fähigkeit zu motivierender Kommunikation und hilfreicher Beratung. Lehrkräfte werden als Personen beschrieben, die geeignete Fort- und Weiterbildungsmöglichkeiten nutzen und Kontakte zur Ar-

beitswelt pflegen. Besonders betont wird die Beteiligung der Lehrkräfte an der inneren und äußeren Schulentwicklung, an der Gestaltung einer lernförderlichen Schulkultur, an der Übernahme von
Aufgaben und Verantwortung bei der eigenen Verwaltung der
Schule, an der Kooperation mit Experten und außerschulischen
Einrichtungen (Gemeinsame Erklärung 2001, S. 277). Lehrerinnen
und Lehrer »unterstützen die interne und externe Evaluation der
Lehr- und Lernprozesse, der Gestaltung des Schulprogramms und
des Schullebens«. Zuletzt wird darauf verwiesen, dass Lehrerinnen
und Lehrer von der Öffentlichkeit, den Eltern, der Wirtschaft, den
Hochschulen und den Medien »Unterstützung erwarten« dürfen
und »Rückhalt erfahren bei der Erfüllung ihrer verantwortungsvol-
len und schwierigen Aufgabe«.

Inhalte und Themen der Grundschulpädagogik

Die Grundschulpädagogik umfasst u.a. folgende Inhalte: Die
Grundschule als Ort von Erziehung und Unterricht (Theorie der
Grundschule) in historischer und international vergleichender Perspektive; Modelle der Schulorganisation, der Steuerung und Evaluation der Grundschularbeit; Prinzipien grundschulpädagogischer
Arbeit; Auswahl der Bildungs- und Lerninhalte (Curriculumtheo-
rie) und Prinzipien des Lehrens und Lernens; Konzeptionen des
Grundschulunterrichts (Theorie des Grundschulunterrichts). In
der Grundschulpädagogik als Disziplin werden Fragen der Profes-
sionalisierung von Grundschullehrerinnen und Grundschullehrern
im Studium und Referendariat, in der Berufseinstiegsphase und
beim berufsbegleitenden Lernen diskutiert. Unter Rückgriff auf Ergebnisse der Entwicklungspsychologie, der Pädagogischen Psychologie, der Sozialisations- und Kindheitsforschung und der Fachdi-
daktik werden Aussagen über Entwicklungs-, Lern- und Erziehungsziele und Entwicklungs-, Lern- und Erziehungsbedingungen
von Kindern getroffen.

Die *vergleichende Grundschulforschung* untersucht die Organisation des Primarschulwesens im Ländervergleich und legt Länder-
studien vor. Die *historische Grundschulforschung* untersucht die Ge-

schichte der Grundschule im Kontext der Herausbildung und Gestaltung des Schulwesens. *Kulturwissenschaftliche Grundschulforschung* versucht, durch die Untersuchung von Richtlinien, Lehrplänen und Schulbüchern auf der Grundlage von Dokumentenanalysen Rahmenbedingungen der Erziehungswirklichkeit zu erfassen. Die *ethnographisch angelegte Kindheitsforschung* versucht, sich den Kindern in der Grundschule mit einem fremden Blick zu nähern und ihren Alltag zu erhellen. Die *empirisch orientierte Grundschulforschung* setzt Verfahren der Beobachtung zur Erhellung der Unterrichtswirklichkeit ein. Interviews und Befragungen zielen darauf, die Meinungen und Sichtweisen von Kindern, Lehrkräften und Eltern zu erfassen (vgl. Giest/Scheerer-Neumann 1999; Roßbach/Nölle/Czerwenka 2002; Petillon 2002; Heinzel/Prengel 2002). Eine andere Richtung versucht, die *Wirksamkeit der Grundschule durch Schulleistungsuntersuchungen* zu erfassen. Daneben wird durch *Unterrichtsexperimente* versucht, Faktoren lernwirksamen Unterrichts zu identifizieren (vgl. Wellenreuther 2004).

Einführungen in die Grundschulpädagogik bestimmen die Grundschule als kindgemäße, erste, gemeinsame und grundlegende Schule (vgl. Schorch 1998). Vielfach sind sie an der Geschichte der Schule, ihrer Lehrpläne und Richtlinien und/oder Unterrichtsprinzipien orientiert (vgl. Rodehüser 1987). Daneben gibt es eher normativ-ethisch ausgerichtete konzeptionelle Einführungen und solche, in denen anhand praktischer Beispiele die Pädagogik und Didaktik der Grundschule aufgezeigt werden (vgl. Drews/Schneider/Wallrabenstein 2000, Knauf 2001). Andere Einführungen setzen Akzente auf den Wandel des Grundschulunterrichts (vgl. Topsch 2004).

Diskussionslinien in der Grundschulpädagogik

Dauer und Gestalt der Grundschule

In der Weimarer Republik, als die vier untersten Jahrgänge der Vorschule als gemeinsame Grundschule verbindlich durchgesetzt wurden, wurde kontrovers diskutiert, *wie lange die Grundschule als ge-*

meinsame Schule für alle Kinder dauern solle, ob die Grundschule eine Schule für alle Kinder sein müsse oder ob manche Kinder familiär oder in Privatschulen resp. an Vorschulen der Gymnasien oder in konfessionell gebundenen Grundschulen unterrichtet werden dürften. Die Grundschule wurde als gemeinsame (staatlich organisierte), unentgeltliche Schule für alle Kinder, also für Mädchen und Jungen, Kinder aller Konfessionen, Stände und Begabungen – gegen vielfältige Widerstände – erst allmählich durchgesetzt. Heute wird die Frage einer gemeinsamen Grundschule für alle Kinder erneut aktuell, wenn sich die Frage stellt, ob Kinder mit sonderpädagogischem Förderbedarf in der Grundschule oder in besonderen Förderschulen erzogen und unterrichtet werden sollen. Auch Formen der Ausgrenzung von Kindern aus der Grundschule (z.B. durch Zurückstellungen oder Überweisungen in Spezialschulen) oder der Separierung innerhalb der Grundschule (in Form von Spezialklassen, z.B. für Kinder ohne ausreichende deutsche Sprachkenntnisse) werden reflektiert.

Gegenwärtig wird überlegt, ob die Grundschule als Halbtags- oder Ganztagsschule geführt werden soll und welche Rolle der Schulsozialpädagogik zukommt. Zugleich werden neue Modelle der Leitung, Steuerung und Schulaufsicht (durch Schulinspektion, Vergleichsarbeiten und zentrale Tests) in das Schulsystem eingefädelt, auch mit dem Ziel, die Qualität der Grundschularbeit zu sichern (vgl. Knauf 2001; Topsch 2004).

Bestimmung der Aufgaben der Grundschule

Die vierjährige Grundschule als Schule für alle Kinder erhielt ihre Rechtsgrundlage in der Verfassung der Weimarer Republik von 1919 (vgl. Scheibe 1974, S. 55f.). Darin wurde im Artikel 146 festgelegt, dass auf einer Grundschule für alle Kinder das mittlere und höhere Schulwesen aufbaut. Als Aufgabe der Grundschule wurde die gemeinsame Bildung aller Kinder festgelegt. Die »Richtlinien zur Aufstellung von Lehrplänen für die Grundschule« (1921) legten fest, dass sie den Kindern eine grundlegende Bildung zu vermitteln habe, an der sowohl die Volksschule (Klasse 5–8) wie die mittleren und höheren Schulen mit ihrem weiterführenden Unterricht anknüpfen können sollten.

In einer Kontroverse um die Grundschule und ihre Bestimmung wurde erörtert, ob die Grundschule als *Vermittlungsschule* oder als *Grundstufe des gesamten Schul- und Bildungssystems* verstanden werden soll. In einer Konzeption der *Grundschule als Vermittlungsschule* (Wilhelm Flitner) wurde darauf abgehoben, dass sie eine Vermittlung schaffen soll »zwischen den freien Beschäftigungen eines pflegerisch-erziehenden Kindergartens oder des freien Kinderlebens und den sachlich wie methodisch bestimmten Tätigkeiten einer Schule im strengen Sinne des Wortes« (Flitner 1966, zitiert nach Einsiedler 1979, S. 9f.). In dieser Sicht wird das Lernen in der Schule vom weiterführenden Lernen abgekoppelt; spielerisches Lernen steht im Mittelpunkt. Dagegen stehen Auffassungen, die die Grundschule organisatorisch und konzeptionell in das Schulsystem einbinden und sie als *Grundstufe des gesamten Schulsystems* (Schwartz 1969) verstehen. Der Grundschule wird eine freisetzende und ausgleichende Funktion zugeschrieben (Ermöglichung von Chancengleichheit durch Förderung der individuellen Lernfähigkeit). Im Strukturplan für das Bildungswesen des Deutschen Bildungsrats (1970) wurde diesem Gedanken Ausdruck gegeben, indem das Schulsystem in einen Elementar-, Primar- und Sekundarbereich aufgeteilt und gestuft angelegt konzipiert wurde.

Bildungsauftrag der Grundschule

Für Benner (2002) hat die Schule nicht nur die Aufgabe, das vorhandene Wissen der Schülerinnen und Schüler zu erweitern und zu ergänzen, sondern einen Bruch zu bisherigen Formen des Weltverstehens zu organisieren. Im Elementarbereich ist ein Wechsel aus der Kultur des Sprechens (Oralität) in eine Kultur des Schreibens (Literalität) zu organisieren. Kinder sollen lernen, mit Weltinhalten im Medium der Schriftsprache umzugehen. Im Sekundarbereich I ist ein »Blickwechsel von einem Denken, Lernen und Handeln in den Sphären unmittelbarer Welterfahrung und zwischenmenschlichen Umgangs in die Erfahrungs- und Umgangsformen eines szientifischen und historischen Wissens und Könnens« anzubahnen (Benner 2002, S. 74). »Dieses ist (...) über neuzeitliche Wissenschaft vermittelt. Kein Curriculum darf den Lernenden die Erfahrung und Anstrengung dieses Blickwechsels vorenthalten und die mit seinem Vollzug möglich werdenden Reflexionen ersparen.« (Benner 2002, S. 74) Auf der dritten Stufe moderner Bildung ist die explizite Reflexion dieses Blickwechsels möglich, nämlich dann, wenn an die Stelle des »nach Kunden ausdifferenzierten Curriculums der zweiten Schulstufe ein wissenschaftspropädeutisches, zu den Satzsystemen der modernen Wissenschaften und ihren Erkenntnissen hinführendes Curriculum« tritt (Benner 2002, S. 75).

In jüngster Zeit wurde das Konzept »Literacy« als Ziel schulischen Lernens formuliert. Darin werden grundlegende Kompetenzen (z.B. Lesekompetenz, mathematische Kompetenz, naturwissenschaftliche Kompetenz) definiert, die »für die Lebensbewältigung in konkreten Anwendungssituationen nützlich sind« (Bos u.a. 2003, S. 14). Während manchmal das Literacy-Konzept als eine Leitorientierung gesehen wird, die der Orientierung auf Bildung widerspricht, möchte Baumert die Bildungsorientierung mit der Literacy-Konzeption verknüpfen. Er unterscheidet »Modi der Weltbegegnung«, denen ein bestimmtes – im Kanon erfasstes Orientierungswissen – zugeordnet wird. Dazu kommen »basale Sprach- und Selbstregulationskompetenzen« (im Sinne von Kulturwerkzeugen). Als Modi der Weltbegegnung nennt er:

- die kognitiv-instrumentelle Modellierung der Welt (mit Mathematik und Naturwissenschaften als Wissensbeständen),
- die ästhetisch-expressive Begegnung und Gestaltung (mit Sprache, Literatur, Musik, Malerei, Bildender Kunst und physischer Expression),
- die normativ-evaluative Auseinandersetzung mit Wirtschaft und Gesellschaft (Geschichte, Ökonomie, Politik/Gesellschaft und Recht) und
- Probleme konstitutiver Rationalität (Religion, Philosophie).

Zu den basalen Sprach- und Selbstregulationskompetenzen zählt der Wissenschaftler die Beherrschung der Verkehrssprache, Mathematisierungskompetenz, Fremdsprachliche Kompetenz, Informationstechnologische Kompetenz und die Selbstregulation des Wissenserwerbs. Baumert entfaltet eine Grundstruktur, die darauf zielt, von Anfang an einen systematischen Wissens- und Kompetenzaufbau anzustreben. Die basalen Kulturwerkzeuge, die auf der Stufe grundlegender Bildung erworben werden, sind »die notwendige Voraussetzung für die Qualitätssteigerung von Lernprozessen« (Baumert, zitiert nach Tenorth 2004, S. 113f.).

In den Dokumenten der Kultusministerkonferenz zur Arbeit in der Grundschule, die als Leitorientierung die »grundlegende Bildung« setzen, wird deutlich, dass Bildung als lebenslanger Prozess gefasst wird, der zur Teilhabe am gesellschaftlichen und kulturellen Leben befähigen und dem Einzelnen helfen soll, Selbst- und Welterkenntnis zu entfalten, Urteilsfähigkeit (auf der Basis einer Wertorientierung) auszubilden, eigene Standpunkte zu vertreten und selbstständig und verantwortlich in der Welt zu handeln (vgl. Beschluss der Kultusministerkonferenz von 2. Juli 1970 i.d.F. vom 6. Mai 1994).

Lerninhalte in der Grundschule

In den Empfehlungen der Kultusministerkonferenz zur Arbeit in der Grundschule (Beschluss der Kultusministerkonferenz von 2. Juli 1970 i.d.F. vom 6. Mai 1994) wird zur Grundlegung der Bildung »die fachbezogene Aneignung von grundlegendem Wissen« als erforderlich angesehen. »Grundlegende Inhalte, Zielsetzungen und Anforderungen, die zur Bewältigung von Lebenssituationen didaktisch und pädagogisch geeignet sind, müssen sich kontinuierlich in den Fächern und Lernbereichen der Grundschule wieder finden. Die für den Bildungsprozess der Grundschule wichtigen Lerninhalte werden sowohl in fach- und lernbereichsbezogenen als auch in fächerübergreifenden Lehr- und Rahmenplänen dargestellt. Dabei behalten insbesondere die Fächer Deutsch, Mathematik, Sachunterricht, Kunst, Musik, Sport und – in den meisten Ländern – Religion sowie die jeweils spezifischen Denk- und Arbeitsweisen ihre Bedeutung. [...] In allen Fächern und Lernbereichen müssen die Schülerinnen und Schüler die für das weitere Lernen grundlegenden Kenntnisse, Fähigkeiten und Fertigkeiten erwerben.« (Beschluss der Kultusministerkonferenz von 2. Juli 1970 i.d.F. vom 6. Mai 1994) In den Empfehlungen zur Arbeit in der Grundschule werden Lernbereiche ausgewiesen, die Eingang in die Lehrpläne finden und auf den Unterricht strukturierend wirken, nämlich »Spracherziehung«, »Mathematische Erziehung«, »Medienerziehung«, »ästhetische Erziehung«, »Umgang mit Technik«, »Bewegungserziehung«, »Fremdsprachenbegegnung«, »Umwelt und Gesundheit« sowie »Heimatverbundenheit und Weltoffenheit« (Beschluss der Kultusministerkonferenz von 2. Juli 1970 i.d.F. vom 6. Mai 1994). Gab es vorher schon skeptische Stimmen, die davor warnten, die Grundschule mit Aufgaben zu überfrachten (vgl. Schorch 1998), so könnte mit der gegenwärtigen Diskussion um ein Kerncurriculum eine Konzentration auf die wichtigsten Aufgaben eingeleitet werden.

Prinzipien der Grundschularbeit

Zu den Aufgaben der Grundschule gehört es, »die Persönlichkeitsbildung des Kindes zu fördern und die entscheidenden Grundlagen für weiterführendes Lernen zu legen. Bei der Gestaltung eines sowohl differenzierenden als auch integrierenden Unterrichts geht es darum, unterschiedliche Lernmöglichkeiten angemessen zu berücksichtigen und zusammen mit Schülerinnen und Schülern gemeinschaftsbildende Lernaktivitäten zu entwickeln. Die Grundschule muss sich noch stärker als bisher als Ort gemeinsamer Grunderfahrungen verstehen und die Erziehung zur Gemeinschaftsfähigkeit in den Mittelpunkt ihrer Arbeit stellen (vgl. Beschluss der Kultusministerkonferenz von 2. Juli 1970 i.d.F. vom 6. Mai 1994).

Grundschulgemäßes Arbeiten im Unterricht

In den Empfehlungen der Kultusministerkonferenz zur Arbeit in der Grundschule wird betont, dass es darum gehe, »das Kind als

Subjekt im Lernprozess« zu sehen und es als »aktiv handelndes Individuum anzuerkennen«; Lernen wird als »selbstgesteuerter Prozess« verstanden (Beschluss der Kultusministerkonferenz vom 2. Juli 1970 i.d.F. vom 6. Mai 1994). Von den Lehrkräften wird gefordert, die (komplizierten und widersprüchlichen) Lernverläufe zu initiieren, zu gestalten und zu beobachten. Sie werden als Vermittler kultureller Tradition, als Ansprechpartner und Berater verstanden, »die Anforderungen stellen und individuelle Hilfen geben«. »Es sind Arbeitsformen zu [...] verwirklichen, die allen Schülerinnen und Schülern die erforderlichen individuellen Entwicklungsmöglichkeiten bieten und zugleich Gelegenheiten gemeinsamen Lernens eröffnen.« (Beschluss der Kultusministerkonferenz von 2. Juli 1970 i.d.F. vom 6. Mai 1994) Als Orientierungen für den Unterricht wird formuliert, dass dieser »vom Erlebnis- und Erfahrungshorizont der Schülerinnen und Schüler ausgehen und diesen erweitern soll, dass die Kinder »in die Planung, Durchführung und Auswertung des Unterrichts« einbezogen und dass ihre »Erfahrungen, Fragen, Anliegen, Kenntnisse, Fähigkeiten und Fertigkeiten zum Ausgangspunkt des Unterrichts« gewählt werden sollen (vgl. Beschluss der Kultusministerkonferenz von 2. Juli 1970 i.d.F. vom 6. Mai 1994). Als Prinzipien werden entdeckendes Lernen und themenzentriertes Lernen, handelndes Begreifen und die Unterrichtsformen des Projektunterrichts und des lehrgangsbezogenen Arbeitens genannt. »Ein solcher Unterricht verlangt eine sorgfältige Strukturierung der Lernangebote, eine regelmäßige Überprüfung und Dokumentation der unterschiedlichen Lernfortschritte sowie eine begleitende Beratung der Schülerinnen und Schüler.« (Vgl. Beschluss der Kultusministerkonferenz von 2. Juli 1970 i.d.F. vom 6. Mai 1994)

Im Nachdenken über Konzeptionen des Grundschulunterrichts werden seit ca. 25 Jahren Fragen der Unterrichtskultur und der Individualisierung des Lernens erörtert. Als Arbeitsformen werden Lehrgang, Projekt, freie Arbeit, als weitere Unterrichtselemente das Spiel, das Gespräch, die Feier und der Klassenrat genannt. Die Förderung der Selbst- und Sozialkompetenz der einzelnen Kinder gelingt, wenn vielfältige Formen der *Differenzierung* im Grundschulunterricht praktiziert werden. Diese Differenzierung kann unterschieden werden in soziale Differenzierung (nach den Sozialformen Einzelarbeit, Partnerarbeit, Arbeit in flexiblen Lerngruppen), in methodische Differenzierung (bezogen auf die Anzahl der Aufgaben, die Zeitvorgaben, die Formen des Lernens durch Handeln), in mediale Differenzierung (durch Einsatz je verschiedener Medien und Materialien oder deren eigene Herstellung) und in thematische Differenzierung (durch eine Differenzierung nach Neigung/Interessen, Leistung und Ergänzungen). Im Grundschulunterricht kann an *Freiarbeit* herangeführt werden. Als deren Ziele werden Angstabbau, Motivationsförderung, Förderung der Entscheidungsfähigkeit und der Selbsteinschätzung, Sozialtraining und Möglichkeiten einer angemessenen Vertiefung und Erweiterung des jeweiligen Lernstoffes angegeben. Die Kinder müssen den angemessenen Umgang mit Spiel- und Lernmitteln trainieren; die Lehrkraft geeignete Materialien (Lernspiele, Konzentrationsspiele, Arbeitsblätter, Kinderbücher, Zeitschriften, CD-Player, Computer mit Lernprogrammen, Baukästen, Bastelmaterial, Malblöcke etc.) mit je unterschiedlichem Schwierigkeitsgrad bereitstellen, den Kindern Arbeitstechniken für den Umgang mit ihnen vermitteln und sie bei ihren Arbeits- und Lernprozessen unterstützen (vgl. auch Topsch 2004).

Unterrichtskonzeptionen

Einsiedler verstand unter einer Unterrichtskonzeption den Zusammenhang bestimmter normativer Leitideen für den Unterricht und darauf abgestimmter Merkmale (wie Inhalte, Verfahren, Medien) und unterschied vor fünfundzwanzig Jahren den »kindgemäßen«, »wissenschaftsorientierten«, »vorfachlichen und fachlichen«, »integrierenden«, »tätigkeits- und selbständigkeitsorientierten«, »offenen« und »gruppenorientierten« Grundschulunterricht (vgl. Einsiedler 1979). Topsch (2004) stellte sechsundzwanzig Jahre später den »traditionellem Unterricht im Wandel« dem »offenen Unterricht« gegenüber. Hier werden der Grad der Öffnung des Unterrichts in den Dimensionen Inhalte, Methoden, Sozialformen, Arbeitsmaterialien, Zeitgestaltung und Selbstkontrolle, das Ausmaß der Selbstständigkeit der Schülerinnen und Schüler und ihre Beteiligung an Entscheidungen in den Blick genommen. Wir gehen (mit Kiper/Mischke 2004, S. 114 ff., 2006, S. 91 ff.) davon aus, dass die Choreographie des Unterrichts, also die Gestaltung der Oberflächenstruktur, passend zu den Basismodellen des Lernens zu gestalten ist.

Bildungsstandards

Die Kultusministerkonferenz hat im Oktober 2004 Vereinbarungen über Bildungsstandards für den Primarbereich beschlossen. Darin wird festgelegt, dass die Bildungsstandards für den Primarbereich (Jahrgangsstufe 4) in den Fächern Deutsch und Mathematik von den Ländern zu Beginn des Schuljahres 2005/2006 als Grundlagen der fachspezifischen Anforderungen für den Unterricht im Primarbereich übernommen werden. Die Arbeit in den Fächern Deutsch und Mathematik wird in verschiedene Anforderungsbereiche unterschieden. Über mitgelieferte *Aufgabenbeispiele* und die ihnen impliziten Anforderungen und Schwierigkeitsgrade werden die zu erreichenden Standards konkretisiert und illustriert. Sie zeigen, welche Aufgaben – wenn angemessene Kompetenzen erworben wurden – bewältigt werden können. Mit den Bildungsstandards wird die Grundschularbeit deutlicher auf das Erreichen fachlicher Ziele verpflichtet. Sie zeigen, welche Leistungen von einem Kind am Ende der Jahrgangsstufe 4 in Kernbereichen der Fächer Deutsch und Mathematik in der Regel erwartet werden. Die damit verbundenen professionellen Anforderungen an die Lehrkräfte zielen auf die Planung, Durchführung, Evaluation und Reflexion eines lernwirksamen Unterrichts für alle Kinder, auf die Feststellung der Lernausgangslage und der Lernfortschritte der Kinder in verschiedenen Fächern, auf eine Planung individueller Lernprozesse im Regelunterricht. Mit den Bildungsstandards wird eine neue Entwicklung in der Grundschule eingeleitet, da deutlicher als bisher die Ziele der Grundschularbeit markiert werden und damit die Grundschule als Grundstufe des gesamten Schulsystems gefestigt wird. Grundschullehrkräfte werden künftig nicht nur Unterrichtsstunden planen, durchführen und reflektieren. Sie werden sich mehr als bisher auf die Förderung der Lernprozesse aller Kinder konzentrieren. Sie werden die Lernausgangslage jedes einzelnen Kindes erfassen und Lernprozesse in allen wichtigen Lernbereichen und Fächern planen. Beim Unterrichten sind die Lernprozesse der Kinder differenziert zu beobachten und zu diagnostizieren; die Lernprozesse jedes einzelnen Kindes sind zu dokumentieren. Auf dieser Grundlage ist eine Förderplanung für jedes einzelne Kind zu erarbeiten. Im Unterricht ist stärker als bisher binnendifferenzierend zu unterrichten mit dem Ziel der Unterstützung der Lernprozesse aller Kinder (vgl. Kiper/Mischke 2006, S. 110 ff.).

Entwicklungsorientierte Pädagogik

Grundschullehrkräfte müssen – auf der Grundlage von Kenntnissen über kindliche Entwicklung – Kinder unterstützen und fördern, Krisen entgegenwirken und bei massiven Problemen Interventionen planen oder selbst durchführen. Dazu ist das Nachdenken über einen Ansatz entwicklungsorientierter Pädagogik wünschenswert.

Nachdenken aus entwicklungspsychologischer Sicht

Zu Fragen kindlicher Entwicklungen als Teilbereich menschlicher Entwicklungen im Lebenslauf äußern sich Pädagogen, Mediziner, Biologen, Sozialisationsforscher und Psychologen. Der Entwicklungspsychologe Montada (2002) nennt vier entwicklungspsychologische Ansätze der Theoriebildung. *Endogenistische Theorien* führen die Entwicklung auf die Entfaltung eines angelegten Plans des Werdens zurück. Veränderungen werden durch die Entfaltung von Anlagen und durch Reifungsprozesse erklärt. Nur in sensiblen Perioden kann von außen auf die Entwicklung Einfluss genommen werden. *Exogenetische Theorien* verstehen die Entwicklung bestimmt durch externe Reize. Durch auslösende, informierende und verstärkende Reize können dauerhafte Verhaltensänderungen hervorgebracht werden. *Selbstgestaltungstheorien* begreifen den Menschen als Mit-Gestalter seiner Entwicklung; er verfolgt Ziele, nimmt Einfluss auf seine physische und soziale Umwelt und bringt sich – zukunftsorientiert handelnd – selbst hervor. *Interaktionistische Theorien* verstehen die Entwicklung bedingt durch das Subjekt und seinen Entwicklungskontext in wechselseitiger Einflussnahme und Hervorbringung. Im Gegensatz zu Modellen einer gleichförmigen Entwicklung in allen Bereichen wird heute von einer bereichsspezifischen Entwicklung ausgegangen. Dimensionen kindlicher Entwicklung wie Wahrnehmung, Motorik, Sprache, Gedächtnis, Denken, Kreativität, Emotionalität, Geschlechtsidentität/Sexualität, Moral, soziales Verhalten, Selbstkonzept und Weltwissen kommen in den Blick (vgl. z.b. Rost 1980; Weinert/Helmke 1997; Weinert 1998; Oerter/Montada 2002; Valtin 1991). Die Kindheit ist eine Periode im Lebenszyklus, in der zahlreiche Entwicklungs- und Lernprozesse stattfinden.

Entwicklungsaufgaben

Für Pädagoginnen und Pädagogen im Elementar- und Primarbereich ist der von Havighurst (1948) in die Diskussion eingebrachte Begriff der »Entwicklungsaufgaben« bedeutsam. Darunter werden diejenigen Aufgaben verstanden, die dem Menschen in aufeinander folgenden Zeitabschnitten aufgegeben sind; die »Entwicklungsaufgabe« setzt die gesellschaftlichen und kulturellen Anforderungen und die individuellen Leistungsfähigkeiten in Beziehung und räumt dem Individuum eine aktive Rolle bei der Gestaltung der eigenen Entwicklung ein. Quellen dieser Entwicklungsaufgaben sind biologisch bedingte Veränderungen, normativ vermittelte Anforderungen der Gesellschaft und die Ziele, Aspirationen und Werte, die ein Individuum selbst entfaltet. Havighurst formulierte zwölf Entwicklungsaufgaben, die das Kind bis zum Abschluss der Grundschulzeit erfolgreich bewältigen muss. Für *Kindergarten- oder Vorschulkinder* gab er an, dass sie einfache Begriffe und Konzepte zur Erfassung der sozialen und physischen Realität bilden, ihre Beziehungen zu Eltern, Geschwistern und anderen Personen gestalten und, unter ethisch-moralischer Perspektive, die Kategorien »gut« und »böse« unterscheiden und ein Gewissen ausbilden müssen. *Grundschulkinder* müssen körperliche Geschicklichkeit entwickeln, eine positive Einstellung zu sich selbst als einem wachsenden Organismus entwickeln und ein realistisches Selbstkonzept ausbilden, mit Freunden und Klassenkameraden auskommen lernen, angemessenes männliches oder weibliches Rollenverhalten erlernen, grundlegende Fertigkeiten im Lesen, Schreiben und Rechnen erwerben, sich wichtige Konzeptionen und Begriffe, die im Alltagsleben relevant sind, aneignen, Normen und Werte explizieren, Moralität und Gewissen ausbilden, selbstständig und persönlich unabhängig werden und angemessene Einstellungen gegenüber sozialen Gruppen und demokratischen Institutionen ausbilden (vgl. Rost 1980, S. 15f.). Der Begriff der »Entwicklungsaufgabe« umfasst deskriptive und normative Momente; manche Entwicklungsaufgaben sind unverzichtbar; bei anderen besteht ein gewisser Spielraum, ob sie angegangen werden. Die jeweilige Fassung der »Entwicklungsaufgabe« ist mit bestimmt von den Normalitätserwartungen für Menschen in den verschiedenen Lebensphasen. Die Realisierung dieser Entwicklungsaufgaben ist von vielen Faktoren abhängig, nicht nur von der körperlichen Entwicklung des Kindes, seiner Persönlichkeit, seiner Intelligenz, sondern auch von sozialen Kontextbedingungen, z.B. der Familie und ihrem Bildungshintergrund, dem Anregungsgehalt der häuslichen Umwelt, dem Vorhandensein und der Qualität von pädagogischen Einrichtungen (z.B. Kindergarten und Schule), aber auch von gesellschaftlichen und kulturellen Kontextbedingungen. Eltern und professionelle Pädagogen können, orientiert an diesen Entwicklungsaufgaben, ihr Handeln gestalten. Wygotski (1896–1934) hat den Begriff der »Zone der nächsten Entwicklung« eingeführt. Für die Förderung der Entwicklung der Kinder muss eine *Zone der aktuellen Leistung*, also der Leistungen, die selbstständig erbracht werden können, von einer *Zone der nächsten Entwicklung* (also Leistungen, die unter Anleitung und mit Unterstützung in Form von Instruktion, stimulierender Umgebung und Spiel mit kompetenten Partnern bewältigt werden können), unterschieden werden (vgl. Wygotski 1987, S. 85, zitiert nach Oerter 2002, S. 84). Daher sind pädagogische Einrichtungen, die eine Gesellschaft anbietet, um die Entwicklung zu unterstützen, so anzulegen, dass eine Förderung in der nächsten Zone der Entwicklung möglich wird. Wir verstehen mit Baacke (1984) – auf dem Hintergrund einer interaktionistischen, sozialökologisch verstandenen Entwicklungstheorie in Anlehnung an Bronfenbrenner – sowohl Vorschuleinrichtungen als auch die Grundschule als Orte mit spezifischen Strukturen und Eigenschaften, in denen die Teilnehmerinnen und Teilnehmer in bestimmten Rollen und in bestimmter Weise aktiv sind. Ein solcher Ort muss einen hohen Anregungsgehalt haben durch die Instruktionen, die hier gegeben werden, durch stimulierende Spiel-, Entwicklungs- und Lernmöglichkeiten, durch passende Lernangebote, durch gezielte und passende Lernarrangements, durch die Qualität der Kommunikation und Interaktion der Kinder mit Erwachsenen und durch Gelegenheit zu Spiel, Sport, sozialem Austausch und förderlichem Wettbewerb sowie gelingender Kooperation mit kompetenten Partnern (Gleichaltrige und ältere Kinder). Pädagogische Einrichtungen wie Kindergärten und Schulen bieten einen entwicklungsförderlichen Kontext, wenn sie Betreuung und Fürsorge, Zuwendung und Erziehung, Instruktion und Lernangebote, Möglichkeiten zum Erlernen von Formen der Selbstregulation, des gemeinsamen Kommunizierens, Interagierens und Handels bereitstellen und bei Bedarf Hilfe, Unterstützung, Förderung und angemessene Intervention gewähren. Eine wichtige Rolle kommt dabei dem Lehren und Lernen zu.

Aufbau von Wissen und Können

Ausgehend vom Konzept der »anschlussfähigen Bildung« (Einsiedler 2001), also einem inhaltlichen und methodischen Lernen, das auf nachfolgendes Lernen, auch im Sekundarbereich I angelegt ist, sollte die Arbeit im Kindergarten und in der Grundschule gestaltet werden. Im Kindergarten kann das Konzept der »Schulbereitschaft« eine erste Orientierung geben; in der Grundschule muss mehr als bisher in den Blick genommen werden, was am Ende der Grundschulzeit gewusst und gekonnt werden soll. Pädagoginnen und Pädagogen in Tageseinrichtungen ebenso wie Grundschullehrkräfte benötigen daher Wissen über körperliche und psychosexuelle Entwicklungsprozesse, Prozesse der Entwicklung des Selbstkonzeptes (einschließlich von Kontrollüberzeugungen), der Wahrnehmung, des Gedächtnisses, der Sprache, der geistigen Entwicklung (einschließlich des begrifflichen und schlussfolgernden Denkens und der Problemlösung), der Motivation, Emotion und Handlungsregulation, sozialer Kognition, Interaktion und Moral. Grundschullehrkräfte müssen – mit Blick auf die Bildungsziele, Lern- und

Entwicklungsaufgaben von Kindern im Primarbereich und auf ihre tatsächlichen Entwicklungs- und Lernvoraussetzungen – Lernverläufe antizipieren und so planen, dass die Kinder jeweils in der »Zone der nächsten Entwicklung« stimuliert werden. Hier geht das Wissen um Entwicklungsprozesse des Kindes in verschiedenen Domänen und um die Besonderheiten der lernenden Person ein (vgl. Kiper/Mischke 2004, S. 77). Weil dem Vorwissen eine grundlegende Bedeutung zukommt, ist der Aufbau einer soliden Wissensbasis in verschiedenen Lernbereichen bzw. Fächern unerlässlich.

Störungen erkennen

Entwicklung ist potenziell störanfällig. Störungen der Entwicklung lassen sich im somatischen, kognitiven, emotionalen und sozialen Bereich »aufgrund eines Vergleichs mit jenen Entwicklungsverläufen diagnostizieren, die unter förderlichen Bedingungen zu erwarten gewesen wären« (Rollett 2002, S. 713). Neben Störungen, die ihre Ursachen in der Person des Kindes haben, z.B. durch genetische Dispositionen oder das Temperament des Kindes bedingt sind, kommt es zu Störungen aufgrund von prä- und perinatalen Schädigungen, Erkrankungen der Mutter während der Schwangerschaft, frühgeburtlichen oder Geburtskomplikationen. Störungen und Krisen können u.a. auch durch wenig entwicklungsförderliche und anregungsarme Kontexte, belastende Eltern-Kind-Interaktionen, einen beeinträchtigenden Bindungsstil, durch fehlende Stimulierung, emotionale Kälte, Ablehnung, durch Vernachlässigung, Gewalt und Missbrauch bedingt sein. Störungen werden oft zu spät erkannt. Werden Störungen nicht behandelt, können sich unerwünschte Erlebens- und Verhaltensweisen ausbilden und verfestigen. In der Regel werden Störungen auf zwei verschiedenen Ebenen unterschieden, auf der Ebene der *Fähigkeiten und Fertigkeiten*, also z.B. bezogen auf sensorische, motorische, sprachliche, kognitive oder schulbezogene Kompetenzen, und auf der Ebene der *Persönlichkeit*, d.h. bezogen auf die emotionalen und sozialen Reaktionen und Verhaltensweisen (Temperament, Emotions- und Handlungskontrolle durch Modulierung des Erregungsniveaus, Bindungsverhalten). Auf Pädagoginnen und Pädagogen im Elementarbereich und Lehrkräfte an der Grundschule kommt die Aufgabe zu, mögliche Probleme eines Kindes zu erkennen und sich dazu auch diagnostische Hilfen zu holen. Sie müssen möglichen Krisen und Problemen durch Prävention entgegensteuern und bei Konflikten und Krisen intervenieren und helfen. Bei tief greifenden Entwicklungsstörungen sollte die Grundschullehrkraft Hilfe und Unterstützung vermitteln und Eltern Hinweise geben können.

Pädagogik des Elementarbereichs

Organisationsformen der Kinderbetreuung

Liegle beschreibt Kindheit in (post)modernen Gesellschaften als Familienkindheit, öffentliche oder Institutionenkindheit und Freizeitkindheit. Im Hinblick auf Bildungsprozesse können wir eine dreigeteilte Verantwortung erkennen: die private Verantwortung (Familie), die öffentliche Verantwortung (Kindergarten, Hort, Schule) und die Selbstverantwortung, beeinflusst von Medien- und Kinderkultur. Alle drei Lebensbereiche sind durch Vorgaben des Sozialstaates mitbestimmt: »die Familienkindheit durch die Familienpolitik, die Institutionenkindheit durch die Kinder- und Jugendhilfe- bzw. Bildungspolitik und die Freizeitkindheit durch die Raumplanung und Infrastrukturpolitik auf kommunaler Ebene« (Liegle 2003, S. 46). Wir wollen zunächst einen kurzen Blick auf verschiedene gesellschaftliche Organisationsformen der Kinderbetreuung im Vorschulalter werfen.

Sozialdemokratische Wohlfahrtsstaaten (wie Norwegen, Schweden) sind durch einen hohen Grad an Defamilialisierung bestimmt. Hier wird die Betreuung von Kindern aus der Familie herausgelöst; es gibt ein öffentlich organisiertes System der Kinderbetreuung. Es ist mit hoher Betreuungsqualität und der Möglichkeit der Vereinbarkeit von Erwerbstätigkeit und Familie und Geschlechtergleichheit auf dem Arbeitsmarkt verbunden.

In *marktliberalen Ländern* (wie Australien, Großbritannien, USA) wird kein staatliches oder halbstaatliches Angebot an Kinderbetreuungsleistungen zur Verfügung gestellt. Es gibt eher wenige Betreuungsanbote für benachteiligte und einkommensschwache Gruppen. Kinderbetreuung wird über Steuererleichterungen oder Transferzahlungen unterstützt. Die Kaufkraft einer Familie entscheidet über die Nutzung und Qualität von Kinderbetreuungsleistungen. Die Folge ist oftmals eine soziale Segregation der Kinder in Kindertageseinrichtungen.

In *konservativ-korporatistischen Wohlfahrtsstaaten* (Bundesrepublik Deutschland) werden Aufgaben der Betreuung und Versorgung als familiale Aufgaben verstanden. Dafür leistet der Staat Transferzahlungen (Steuererleichterung, Kindergeld etc.). Das Familienmodell versteht den Mann als Ernährer der Familie. Die staatlichen und halbstaatlichen Angebote der Kinderbetreuung im Vorschulalter sind so organisiert, dass sie meist für Kinder ab 3 Jahren und nur halbtags bereitstehen.

Vorschulische Erziehung: Konzeptionen und Wirkungen

Unter dem Begriff der *vorschulischen Erziehung* werden alle Erziehungsvorgänge zusammengefasst, die sich von der Geburt bis zur Einschulung in familialen und außerfamilialen Betreuungs- und Erziehungsumwelten ereignen. Zum *Elementarbereich* werden private und öffentliche Institutionen gerechnet, die Betreuung, Erziehung und Bildung für Kinder vom dritten Lebensjahr bis zum Schulanfang bereitstellen (vgl. Roßbach 2003, S. 252). Betrachtet man die europäischen Länder, werden die Akzente unterschiedlich gesetzt. In einigen Ländern wird die Betreuungs- und Sozialisationsfunktion akzentuiert (»Kindergartentyp« mit Zuordnung zu Sozialministerien), andere betonen die Bildungsfunktion des Elementarbereichs und bieten eine Vorbereitung auf schulische Bildung in einer Vorstufe an (»Vorschultyp« mit Zuordnung zu Bildungsministerien), wieder andere Länder (z.B. in Spanien, Finnland) machen curriculare Angebote für die Null- bis Sechsjährigen. Die Vorschulzeit ist eine bedeutende Lebensphase, in der Lerndispositionen gefördert, Kinder zu Schulbereitschaft und Schulfähigkeit hingeführt und auf das Leben in einer demokratischen Gesellschaft vorbereitet werden können (vgl. Oberhuemer 2004, S. 365). Wir können davon ausgehen, dass Kinder vom Besuch einer vorschulischen Einrichtung profitieren (vgl. Bos u.a. 2003, S. 128f.; Sylva u.a. 2004, S. 165). Dabei scheinen die Qualität der vorschulischen Einrichtung, die Qualifikation des Personals und die Akzentsetzung auf kognitive Bildung und soziale Entwicklung bedeutsam zu sein. Tietze stellte in seiner Untersuchung Qualitätsdifferenzen in der pädagogischen Arbeit von Kindergärten fest. Diese waren so bedeutsam, »dass im Extremfall ein Entwicklungsunterschied von bis zu einem Jahr bei 4½-jährigen Kindern darauf zurückgeführt werden« konnte (Tietze 2004, S. 150). Die Effekte der Kindergartenqualität auf die kindliche Entwicklung bestehen über die Vorschulphase hinweg und sind – vier Jahre nach der ersten Entwicklungsmessung – auch am Ende der zweiten Grundschulklasse nachweisbar. »Die Effekte zeigen sich sowohl in allgemeinen Entwicklungsmaßen (Bewältigung von Alltagssituationen, soziale Kompetenz, Sprachentwicklung) als auch in der Schulleistung.« (Tietze 2004, S. 150)

Aus Untersuchungen im Vereinigten Königreich ging hervor, dass eine erfolgreiche pädagogische Vorgehensweise »sowohl Interaktionsformen, die traditionellerweise als ›Unterrichten/Lehren‹ betrachtet werden, als auch der Bereitstellung einer anregenden Lernumwelt sowie ausgedehnte Phasen, in denen durch die Erzieherinnen gemeinsam geteilte Denkprozesse mit den Kindern herausgefordert (...) werden« (Sylva u.a. 2004, S. 165f.), beinhaltet. Als Dimensionen von Qualität für die Arbeit in vorschulischen Einrichtungen wurden genannt: »Qualität der verbalen Erwachsenen-Kind-Interaktion; didaktisch/curriculares Fachwissen der Erzieherinnen; Fachwissen über die kindlichen Lernprozesse; die Fähigkeit der Erwachsenen, Kinder bei Konfliktlösungen zu unterstützen, und Hilfen für Eltern, um die kognitive Entwicklung der Kinder zu Hause zu fördern« (Sylva u.a. 2004, S. 160).

In der Bundesrepublik Deutschland, wo der Kindergartenbesuch kostenpflichtig ist und freiwillig geschieht, besteht ein Zusammenhang zwischen dem Sozialstatus einer Familie und der Dauer des Kindergartenbesuchs. »Kinder, die gar nicht oder nur bis zu einem Jahr in den Kindergarten gehen, stammen überproportional aus den beiden untersten Dienstklassen.« (Vgl. Bos u.a. 2003, S. 128) Gleichwohl erreichen Kinder von Facharbeitern und Arbeitern »signifikant bessere Leistungen, wenn sie mehr als ein Jahr den Kindergarten besucht haben« (Bos u.a. 2003, S. 129). Vorschulische Erziehung kann daher die Entwicklung von Kindern fördern;

gleichwohl kann sie nicht zum Abbau sozialer Ungleichheit beitragen. Familiale Hintergrundvariablen haben einen starken Einfluss auf die Fähigkeiten der Kinder.

Frühkindliche Bildung, Betreuung und Erziehung

Laut Angaben der OECD ist Deutschland mit 82,5 Millionen (2002) Einwohnern, davon 4,6 Millionen Kindern unter 6 Jahren und weiteren 3,2 Millionen Kindern im Alter zwischen 6 und 10 Jahren, das bevölkerungsreichste Land Europas. Die familale und demografische Entwicklung geht dahin, dass immer weniger Frauen und Männer seltener und später heiraten, weniger Kinder und diese in einem höheren Alter bekommen; die Zahl der nichtehelichen Lebensgemeinschaften nimmt zu. In der Bundesrepublik Deutschland ist eine der niedrigsten Geburtenraten zu verzeichnen. Ursache dafür ist ein hoher Anteil kinderloser Frauen (vgl. OECD 2004, S. 10f.) Hier dominiert die Vorstellung, dass kleine Kinder innerhalb der Familie und hier vor allem durch die Mutter betreut werden (sollten). Das Angebot an außerfamilialer Kinderbetreuung für Kinder unter 6 Jahren ist, vor allem im Westen der Republik, gering. Es gibt Krippen oder Tageseinrichtungen für Kinder unter drei Jahren, Kindergärten oder Tageseinrichtungen für Kinder zwischen 3 und 6 Jahren und außerschulische Tageseinrichtungen (Horte) für Kinder bis zu 10, 12 oder 14 Jahren. Aufgrund unterschiedlicher historischer Entwicklungen, auch bezogen auf die Betreuung und Versorgung kleiner Kinder in der Deutschen Demokratischen Republik (DDR) und in der Bundesrepublik (BRD), war nach der Wiedervereinigung die Versorgungsrate im Westen und im Osten unterschiedlich. Krippen oder Tageseinrichtungen standen im Jahr 2002 für 8,5% aller Kinder zu Verfügung (ABL: 2,7%; NBL: 36,9%), Plätze für Kinder von 3 bis 6 Jahren standen im Umfang von 89,8% bereit (ABL: 88%; NBL: 105%); es gab nur für 14,2% der Kinder von 6–10 Jahren Betreuungsplätze (ABL: 6,4%, NBL: 67,6%) (vgl. OECD 2004, S. 33).

Der Kindergarten als Institution frühkindlicher Betreuung, Erziehung und Bildung wird in vielen Bundesländern dem Bereich der Kinder- und Jugendhilfe zugerechnet. Rechtliche Grundlage ist das Kinder- und Jugendhilfegesetz (KJHG), das 1991 in Kraft trat; länderspezifische Ausführungsgesetze regeln die Zuständigkeiten, Bedarfsplanung, Finanzierung, Ausstattung etc. Der Besuch von Kindergärten ist freiwillig; die unterschiedlich hohen Kosten für den Besuch werden, je nach Bundesländern und Einrichtungen, von den Eltern getragen. Kindergärten werden von den *freien Trägern* (wie den Kirchen, dem Diakonischen Werk, dem Deutschen Caritasverband, dem Paritätischen Wohlfahrtsverband) oder von *der öffentlichen Hand* betrieben. Durch ein neues Kindergartengesetz ist festgelegt, dass jedes Kind das Recht auf einen Kindergartenplatz hat. Jedoch werden Kindergartenplätze nur für Kinder ab drei Jahren und nur halbtags bereitgestellt. Aufgrund der kommunalen Verantwortung ist die Versorgung mit Kindergartenplätzen regional unterschiedlich. Kinder von (erwerbstätigen) Müttern mit hohen Bildungsabschlüssen nutzen eher den Kindergarten als Kinder aus einkommensschwachen Familien und aus Familien mit Migrationshintergrund (vgl. Kreyenfeld 2004; Becker/Lauterbach 2004).

Pädagogische Konzeptionen

Für die Arbeit im Kindergarten wurden verschiedene Akzente gesetzt. Wurde früher vor allem die *kompensatorische* Funktion des Kindergartens betont, denn er sollte einer Verwahrlosung von Kindern aus unteren sozialen Schichten durch angemessene Betreuung entgegenwirken, so wurde auch die *familienergänzende* Funktion akzentuiert. Halbtags geöffnete Kindergärten als Einrichtungen der Früherziehung gehen auf Fröbel (1782–1852) zurück, der 1840 den »Entwurf eines Planes zur Begründung und Ausführung eines Kinder-Gartens, einer Allgemeinen Anstalt zur Verbreitung allseitiger Beachtung des Lebens der Kinder, besonders durch Pflege ihres Tätigkeitstriebes« vorlegte, Kindergärten gründete und Kindergärtnerinnenkurse (ab 1842) (z.B. in Dresden, Frankfurt/Main, Eisenach) initiierte. Fröbel begriff den Kindergarten als eine Stätte behutsamer Einwirkung auf das Kind. Erziehung wurde an Materialien

(Gaben) gebunden, deren Spielgesetzlichkeit im freien Spiel vom Kind nachempfunden werden sollte. Daneben maß Fröbel der Gartenarbeit einen hohen erzieherischen Wert bei. In seiner Schrift: »Die Menschenerziehung« (1926) schilderte er das freie Gestalten mit Lehm und Sand, das freie Bauen mit Bauhölzern (Klötzen). Der Kindergarten wurde als familienergänzende Einrichtung verstanden. Das Ziel, Kindern eine Sozialerziehung zu geben, auch mit dem Ziel, sie gruppenfähig zu machen und ihre Einschulung zu ermöglichen, bestimmte die Pädagogik des Kindergartens in den fünfziger Jahren.

Eine am *Situationsansatz* orientierte Pädagogik geht von aktuellen Vorfällen der kindlichen Lebenswelt aus und versucht, als bedeutsam erlebte »Schlüsselsituationen« zu identifizieren und sie mit den Kindern aufzuarbeiten. Erfahrungsaustausch, soziales Lernen in altersgemischten Gruppen und Einbezug der Kinder in Planungsprozesse werden intendiert. Kritische Ereignisse in kindlichen Biografien (z.B. Geburt eines Geschwisterkindes, Krankheit) und zentrale Erlebnisse (z.B. Besuch beim Arzt, im Krankenhaus) oder Begegnungen in verschiedenen Erfahrungsfeldern (Spielplatz, Straße, Geschäfte, öffentliche Einrichtungen) werden thematisiert. Im Situationsansatz bleiben die kognitive Förderung und intellektuelle Stimulierung durch das Bereitstellen von Angeboten an die Initiative der Erzieherinnen gebunden.

Gegenwärtig wird stärker auf die *Bildungsfunktion* des Kindergartens abgehoben; oftmals wird darauf orientiert, Kindern ein »Weltwissen« zu vermitteln (Elschenbroich 2001), und ein Bildungskanon formuliert. Bildung im Sinne von Selbstbildung richtet sich auf die selbsttätige Aneignung der Welt durch die Kinder. Andere Autoren betonen, dass das Kind, eingebettet in soziale Beziehungen und Interaktionsprozesse (mit Erwachsenen), durch Ko-Konstruktionen eine Wissensaneignung vollzieht (Gisbert 2004). Kinder mit interessierten, sensitiven und responsiven Erzieherinnen bilden nicht nur eine sichere Bindung und das Gefühl von Geborgenheit aus; sie können angstfrei, aktiv und gezielt ihre Umwelt erkunden. Die verbale Stimulierung der Kinder durch die Erzieherinnen, die gemeinsame Konzentration der Aufmerksamkeit auf Aktivitäten oder Objekte, der wechselseitige und reziproke Austausch von Ideen und die Förderung der sprachlichen Entwicklung werden als bedeutsam angesehen.

Das Konzept der *entwicklungsangemessenen Praxis* hat das Kind mit seiner physischen, kognitiven, sozialen und emotionalen Entwicklung im Fokus der Aufmerksamkeit. Dem Konzept ist eingeschrieben, dass Kinder in eigeninitiierten Aktivitäten unterstützt werden, indem die Erzieherinnen Fragen stellen, ihnen Vorschläge unterbreiten und komplexe Aufgaben anbieten, Formen der Selbstregulierung und Selbstkontrolle fördern, indem den Kindern Aufgaben gestellt und Techniken vermittelt werden.

In *lernorientierten Ansätzen* wird über die Förderung des Lernens der Kinder nachgedacht. Auf der Grundlage einer Unterscheidung von privilegierten Wissensdomänen (Bereiche, in denen Kinder bereits im Säuglingsalter über ein intuitives Wissen und über eine Prädisposition zum Lernen verfügen) und nicht-privilegierten Wissensdomänen (Bereiche, in denen die Kinder spezifische Erfahrungen machen müssen oder einer systematischen Unterweisung bedürfen) sollen die Kinder gemeinsam mit der Erzieherin über ihr Lernen nachdenken, und zwar, »*dass* sie lernen, *was* sie lernen und *wie* sie lernen« (Gisbert 2004, S. 157). Man erhofft sich davon, die Vorstellungen über das Lernen auszudifferenzieren (vom Lernen als Tun zum Lernen als Wissen und Verstehen) und Ideen über ein (zufälliges) Lernen durch Älterwerden oder Erfahrung zu ersetzen durch Konzepte, bei denen Nachdenken, Üben und gezielte Lernaktivitäten erkannt und eingesetzt werden.

In *Literacy-orientierten Ansätzen* wird darauf abgehoben, Kindern frühzeitig Erfahrungen mit der Erzähl-, Lese- und Schriftkultur zu ermöglichen. Sie erkennen die Bedeutung von Büchern und Schrift. Situationen des Vorlesens, des Zuhörens und Sprechens, des Betrachtens von Bildern, des Fragens, Erklärens, Rückfragens und Wiederholens, einfache Dialoge (Benennen von Dingen, Herstellen von Beziehungen, Entdecken von Abfolgen, Konstruieren und Rekonstruieren von Bedeutungen, Herstellen von Bezügen und Vorausdeuten) und der Erwerb von Geschichten-Schemata (mit wichtigen Figuren, dem Aufbau, Handlungsablauf, den Konflikten und ihrer Auflösung) sind wichtige Schritte zur Initiation in die Kultur des Lesens und Schreibens (vgl. Ulich 2003).

Die Überlegungen der Kultusministerkonferenz

Die Kultusministerkonferenz hat im Juni 2004 den »Gemeinsamen Rahmen der Länder für die frühe Bildung in Kindertageseinrichtungen« beschlossen. Darin werden die Kindertageseinrichtungen des Elementarbereichs als unentbehrlicher Teil des öffentlichen Bildungswesens ausgewiesen. Auf Landesebene werden Bildungspläne für den Elementarbereich aufgelegt, oftmals gemeinsam durch das Kultusministerium und Sozialministerium herausgegeben, die zur Orientierung für träger- oder einrichtungsspezifische Konzeptionen werden. Inzwischen liegen Bildungspläne für die Arbeit im Elementarbereich in vielen Bundesländern vor.

»Der Schwerpunkt des Bildungsauftrags der Kindestageseinrichtungen liegt in der frühzeitigen Stärkung individueller Kompetenzen und Lerndispositionen, der [...] Herausforderung des kindlichen Forscherdrangs, in der Werteerziehung, in der Förderung, das Lernen zu lernen, und in der Weltaneignung in sozialen Kontexten.« (Gemeinsamer Rahmen der Länder für die frühe Bildung in Kindertageseinrichtungen 2004, S. 228)

In den Bildungsplänen werden Prinzipien der pädagogischen Arbeit im Elementarbereich benannt. Die Kooperation von Tageseinrichtungen untereinander, mit der Grundschule, mit den Eltern und dem gesellschaftlichen Umfeld wird gefordert. Leitende Prinzipien sind das soziale Lernen aller Kinder (unabhängig von Geschlecht, Ethnizität und Gesundheit), die Beteiligung der Kinder an Entscheidungen (Partizipation und Lernen demokratischer Grundprinzipien), das Lernen durch Selbstbildung, durch Bewegung, im Spiel, in Projekten, die Förderung der Kompetenzentwicklung von Kindern, verstanden als Ich-Kompetenz, Sozial-Kompetenz, Sach-Kompetenz und Lern-Kompetenz. Im »Gemeinsamen Rahmen der Länder für die frühe Bildung in Kindertageseinrichtungen« (2004, S. 231f.) werden Sprache, Schrift, Kommunikation, personale und soziale Entwicklung, Werteerziehung/religiöse Bildung, Mathematik, Naturwissenschaften, (Informations-)Technik, musische Bildung/Umgang mit Medien, Körper, Bewegung, Gesundheit und Natur und kulturelle Umwelten als Bildungsbereiche benannt. In diesen Bildungsplänen werden verschie-

dene pädagogische Ansätze zusammengeführt. Aus der Fröbelpädagogik wird die Wertschätzung einer *Pädagogik des Spiels* und der
Pflege kindlicher Kräfte übernommen. Mehr als bisher wird – ausgehend von *funktionsorientierten Ansätzen* – auf die Förderung der
Entwicklung der Kinder in den Bereichen Sprache, Wahrnehmung,
Gedächtnis, Denken, Motorik, Kreativität gesetzt. Basierend auf
kompetenzorientierten Ansätzen wird darauf abgehoben, dass Kinder *personale* Kompetenzen (verstanden als Selbstwertgefühl, positive Selbstkonzepte, Autonomieerleben, Widerstandsfähigkeit und
Kohärenzgefühl), *motivationale* Kompetenzen (wie Selbstwirksamkeit, Selbstregulation, Neugier und individuelle Interessen), *kognitive* Kompetenzen (verstanden als differenzierte Wahrnehmungsfähigkeit, Denkfähigkeit, Wissensaneignung, Gedächtnis, Problemlösefähigkeit und Kreativität), *physische* Kompetenzen (grob- und
feinmotorische Kompetenzen, Regulierung körperlicher Anspannung), *soziale* Kompetenzen (Empathie und Perspektivenübernahme, Rollenübernahme, Kommunikationsfähigkeit, Kooperationsfähigkeit und Konfliktmanagement) und *Wert- und Orientierungskompetenz* (moralische Urteilsbildung, Unvereingenommenheit)
entwickeln sollen. Unter *sozialkonstruktivistischer Perspektive* wird
die Mitwirkung der Kinder am Bildungs- und Entwicklungsprozess
betont. Zugleich sollen Kinder *Weltwissen* erwerben (vgl. Elschenbroich 2001).

Damit verändert sich die Arbeit der Kindertageseinrichtungen
grundlegend. Sie sollen nicht nur die sozial-emotionale, sondern
auch die kognitive Entwicklung der Kinder fördern und sie auf die
Schule vorbereiten. Damit werden Ansprüche an die professionelle
Kompetenz der Erzieherinnen und Erzieher erhöht. Ihre Aufgaben
sind das Fördern der Basiskompetenzen von Kindern, das Anbieten
anregender Lerngelegenheiten, das Anregen und Begleiten von
Spielen, das gemeinsame Planen und Bearbeiten von Themen in
langfristigen Projekten, das Gestalten von Räumen mit dem Ziel,
Kinder zu selbstständigen Tätigkeiten und Erkenntnissen herauszufordern, das Beobachten, Diagnostizieren, Begleiten, Fördern und
das Dokumentieren ihrer Lernfortschritte. Dazu ist es notwendig,
die Arbeitsabläufe in den Kindertageseinrichtungen zu verändern.
Gefordert ist die Arbeit im Team, die regelmäßige Fortbildung der

Erzieherinnen und Erzieher und die Verbesserung der Leitungs-
arbeit.

Frühförderung

Es liegen eine Vielzahl von Programmen zur Frühförderung vor,
z.B. Denktrainings, Sprachtrainings, Intelligenztrainings, Trainings
zur sozial-emotionalen Entwicklung und zur Förderung gesund-
heitsbezogenen Verhaltens. Programme zur Frühförderung sind
dann wirksam, wenn sie früh einsetzen, lange dauern, die Qualität
der Umsetzung gut ist, die Eltern umfassend einbezogen sind und
sie zur Verbesserung der Eltern-Kind-Beziehung beitragen. Eine
Förderung im Vorschulalter kann sowohl die kognitiven Grundlagen als auch die familialen Sozialisationsverhältnisse verbessern.
Die Tatsache, überhaupt gefördert zu werden, die Dauer der Förderung, aber auch die dadurch gesteigerte Motivation der Kinder und
ihrer Eltern zeitigt Effekte, auch wenn man heute realistischer als
früher sieht, dass (auf die Vorschuleinrichtungen beschränkte)
Maßnahmen der Frühförderung nur ein »gewisses Gegengewicht
gegen deprivierende soziale Bedingungen darstellen« (Schmidt-
Denter 2002, S. 754). Jedoch erbringen Kinder aus benachteiligten
Familien ohne jede institutionelle Förderung langfristig die
schlechtesten Schulleistungen.

Frühförderung durch das Trainieren phonologischer Bewusstheit

Jansen zeigt die Bedeutung von Früherkennung (Frühdiagnostik)
und Frühförderung zur Vermeidung von Lese-Rechtschreib-
Schwierigkeiten. Mit dem Bielefelder Screening zur Früherkennung
von Lese-Rechtschreib-Schwierigkeiten (BISC) bei Kindergarten-
kindern mit dem Ziel der Erfassung der Voraussetzungen für den
zukünftig einsetzenden Schriftspracherwerb und dem Würzburger
Trainingsprogramm zur Vorbereitung auf den Erwerb der Schriftsprache liegen diagnostische Verfahren und Trainingsprogramme

vor. Es gibt eine Vielzahl von Teilfertigkeiten, die erfolgreiches Lesen und Schreiben begünstigen, die sich schon bei Kindern im Kindergarten ausdifferenzieren lassen. Längsschnittuntersuchungen zeigten, dass phonologische Bewusstheit, das meint den Einblick in die Lautstruktur der gesprochenen Sprache und die Fähigkeit, formale sprachliche Einheiten wie Wörter, Silben, Reime und Phoneme (Laute) in der gesprochenen Sprache zu identifizieren, schon im Vorschulalter den Erfolg eines Kindes beim späteren Schriftspracherwerb anzeigt. Ein Training der Kinder mit dem Ziel phonologischer Bewusstheit durch akustische Diskriminationen und Abstraktion sprachlicher Segmente (wie Wörter, Reime, Silben, Phoneme) kann ihnen Einblick in die Lautstruktur der gesprochenen Sprache vermitteln (vgl. Küspert 2002). Das Würzburger Trainingsprogramm »Hören, lauschen, lernen« gibt Hinweise, wie durch Sprachspiele für Kinder im Vorschulalter die phonologische Bewusstheit trainiert werden kann.

Pädagogik des Elementar- und Primarbereichs

An dieser Stelle soll keine Gegenüberstellung der Unterschiede zwischen Kindergarten und Grundschule, bezogen auf den Umfang des staatlichen und kommunalen Engagements, der institutionellen Strukturen, dem Selbstverständnis und den pädagogischen Traditionen erfolgen. Jedoch konstatieren wir vorsichtige Schritte der Annäherung, bezogen auf die konzeptionelle Orientierung. Diese zeigt sich in der Ausrichtung auf einen Bildungs- und Erziehungsauftrag, in der Verständigung auf institutionenübergreifende Grundsätze, Ziele und Prinzipien, im Verfassen von Curricula (Bildungspläne für Kindergärten und Grundschulen), die eine Anschlussfähigkeit sicherstellen sollen, und in verbindlichen Regelungen der Zusammenarbeit zwischen Kindergarten und Grundschule (vgl. Oberhuemer 2004).

Anfangsunterricht

Zur Verzahnung von Elementar- und Primarbereich

Der Elementarbereich und der Primarbereich sind unterschiedlich organisiert. Genau diese Tatsache führt dazu, dass immer wieder über Fragen des Übergangs aus dem Elementar- in den Primarbereich und Formen des Verzahnung nachgedacht und unterschiedliche Modelle diskutiert wurden. Dabei wurden diese Überlegungen mit der Frage nach der Schulreife, Schulfähigkeit oder Schulbereitschaft von Kindern verknüpft.

In den 1950er- und frühen 1960er-Jahren wurde über den Zusammenhang von »Sitzenbleiberelend« und »Schulreife« nachgedacht und das Einschulungsalter um insgesamt etwa fünf Monate erhöht. Durch Zurückstellung vom Schulbesuch und/oder Überweisung in einen Schulkindergarten sollte betroffenen Kindern eine angemessene Förderung erschlossen werden. In den siebziger Jahren des letzten Jahrhunderts wurden Modelle einer strukturellen Verzahnung von Elementar- und Primarbereich diskutiert. So schlug der Deutsche Bildungsrat im Strukturplan für das Bildungswesen (1970) einen Ausbau der Vorschulerziehung vor. Es wurden unterschiedliche Modelle diskutiert. Beim 1+4-Modell sollte die vierjährige Dauer der Grundschule unangetastet bleiben und eine einjährige Eingangsstufe für die Fünfjährigen (Vorklasse) vorgeschaltet werden (Bildungsgesamtplan 1973). Beim 2+3 Modell der KMK (1970) sollte auf eine zweijährige Eingangsstufe, in der die Fünf- und Sechsjährigen ohne Jahrgangstrennung zusammengefasst werden sollten, eine dreijährige Grundschulzeit folgen. Beim 2+2-Modell sollte auf eine zweijährige Eingangsstufe eine zweijährige Grundstufe aufsatteln (Strukturplan 1970). Gemeinsam war diesen Überlegungen, dass schon die Fünfjährigen vorschulische

Einrichtungen besuchen sollten mit dem Ziel, die Periode besonderer Bildsamkeit sinnvoll zu nutzen. Der diesen Konzeptionen eingeschriebene Gedanke war, eine Parallelisierung zwischen Entwicklungs- und Bildungsprozessen vorzunehmen, einen gleitenden Übergang aus vorschulischen Einrichtungen in die Grundschule zu ermöglichen und einen Übergang vom freien Spiel zur zielorientierten Arbeit, von vorschulisch-situativem zu schulisch-systematischem Lernen zu gestalten. Schulversuche in Hessen, Baden-Württemberg und Nordrhein-Westfalen und deren wissenschaftliche Begleitungen ergaben, »dass der Besuch einer vorschulischen Einrichtung für die Förderung der Gesamtpersönlichkeit bedeutsamer ist als der Besuch einer bestimmten Art schulischer Einrichtung« (Bund-Länder-Kommission 1976, S. 7). Die bildungspolitische Entscheidung für den Verbleib der Fünfjährigen im Elementarbereich (Kindergarten) sicherte den Einfluss der Freien Träger, speziell der Kirchen, auf diese Altersgruppe. Zugleich konnten die Kosten für den Ausbau der Grundschule gespart werden. Es wurde erwartet, dass Kindergärten und Grundschulen freiwillig kooperieren; gedacht war an Treffen von Kindergartenleitungen und Schulleitungen von Grundschulen, von Erzieherinnen und Lehrerinnen, an den wechselseitigen Austausch von Informationen, an gegenseitige Besuche und Hospitationen, gemeinsame Feste und Feiern.

Auf ihrer Sitzung am 28. und 29. September 1995 erteilte die Kultusministerkonferenz (KMK) dem Schulausschuss den Auftrag, eine Bestandsaufnahme der bestehenden *Einschulungspraxis* vorzunehmen und Vorschläge für eine Optimierung zu erarbeiten. Seit diesem Zeitpunkt wird eine konzeptionelle Diskussion, verbunden mit verschiedenen Modellversuchen über das geeignete Einschulungsalter, die Feststellung von Schulfähigkeit resp. Schulbereitschaft, die frühe Förderung aller Kinder in Kindertageseinrichtungen und die Gestaltung der Schuleingangsphase geführt. Ziel ist es, das Einschulungsalter zu senken und Kinder besser auf die Schule vorzubereiten. In den verschiedenen Bundesländern werden Erfahrungen mit unterschiedlichen konzeptionellen Ansätzen gesammelt. Der Bildungsauftrag der Kindertageseinrichtungen wird herausgestellt und unterschiedliche Konzeptionen einer Bildungsarbeit im Kindergarten werden entfaltet. Dazu wurden in verschiedenen Bundesländern Bildungsvereinbarungen zwischen den Obersten Landesbehörden und den Trägerverbänden der Kindertageseinrichtungen geschlossen. Die Arbeit im Kindergarten wird auf die Vorbereitung der Schulbereitschaft ausgerichtet. Dem Training von Vorläuferfähigkeiten wird Aufmerksamkeit geschenkt. Dazu zählen die phonologische Bewusstheit, also eine Aufmerksamkeit für formale Aspekte der Sprache und die Fähigkeit, Wörter in Silben zu gliedern, Reime zu erkennen und Laute herauszuhören, ein Interesse an Buchstaben und ein mengen- und zahlenbezogenes Vorwissen zu entwickeln und die Fähigkeit zum Zählen, zum einfachen Addieren und Subtrahieren. Der Mut von Kindern, Herausforderungen anzugehen, wird gestärkt; sie sollen das Gefühl von Selbstwirksamkeit entwickeln und Bewältigungsstrategien und ein positives Sozialverhalten entfalten.

Schulreife – Schulfähigkeit – Schulbereitschaft

Die Konzepte der Schulreife, Schulfähigkeit oder Schulbereitschaft sind mit der Vorstellung verbunden, dass Kinder eine bestimmte »Reife« oder »besondere Fähigkeiten« mitbringen müssen, um die Schule zu besuchen. Die Schule steuert den Zugang durch diagnostische Verfahren, um »Schulreife«, »Schulfähigkeit« oder »Schulbereitschaft« zu erfassen. Mit dem Konzept der *Schulreife* ist die Vorstellung eines endogenen Reifungsprozesses verbunden; Kinder werden aufgrund biologisch angelegter Reifungsprozesse in einem bestimmten Alter »schulreif«. Das Kind und sein Reifungsprozess stehen im Mittelpunkt der Aufmerksamkeit. Schulreife wird in der Regel in verschiedene Merkmalsdimensionen gegliedert und in körperliche, kognitive, soziale und emotionale Schulreife unterschieden. Mit der körperlichen Schulreife wird neben der Funktionsfähigkeit der Sinne der allgemeine Gesundheits- und Entwicklungsstand geprüft. Auf kognitivem Gebiet überprüft man das Gestalterfassen und die optische Gliederungsfähigkeit; außerdem werden das Symbolverständnis, das Verständnis für verbale Instruktion, die Kenntnis vorzahliger Mengenbegriffe, psychomotorische Koordinationsleistungen und willentliche Aufmerksamkeitszuwendungen durch Tests erfasst. Bezogen auf soziale und emotionale Schulreife, werden die Bildsamkeit in der Gruppe, die altersangemessene Selbstständigkeit und die Einsicht in die Bedeutung von Regeln und die Fähigkeit der Einhaltung überprüft.

Der Begriff der *Schulfähigkeit* basiert auf sozialökologisch bestimmten Auffassungen, die Schulfähigkeit als Ergebnis des Zusammenwirkens von Kind, Familie, Nahbereich und Institution Schule verstehen. Hier stellt sich die Frage nach der Passung und nach dem darauf abgestimmten Handeln. Trotz dieses Verständnisses wird manchmal abgehoben auf die Untersuchung von »Fähigkeiten« des Kindes wie Wahrnehmung, Feinmotorik, Gedächtnis, Konzentrationsfähigkeit, Sprachverhalten, Sozialverhalten etc. Diagnostische Verfahren zielen darauf, die kindlichen Fähigkeiten in Teilbereichen festzustellen. Mit dem Begriff der *Schulbereitschaft* soll die Gesamtpersönlichkeit des Kindes erfasst werden, vor allem seine Motivation und Lernbereitschaft. Dazu zählen der Eifer, in die Schule zu gehen und lesen, schreiben und rechnen zu lernen, die Fähigkeit, sich sozial einzuordnen und empathisch zu reagieren etc. Es wird auf das Kind und seine Konditionen ebenso abgehoben wie auf die Bedingungen seines Lebens. Diagnostische Verfahren (z.B. das Kieler Einschulungsverfahren) versuchen, durch systematisches Beobachten in strukturierten Situationen, das Kind »ganzheitlich« zu erfassen.

Schulbereitschaft – die Überlegungen aus NRW

Das Ministerium für Schule, Jugend und Kinder des Landes Nordrhein-Westfalen hat eine Handreichung erarbeitet, die auf der Basis eines Schulfähigkeitsprofils eine Vielzahl von Fähigkeiten auflistet, die Kinder entwickeln müssen. Es dient der Orientierung der Bildungsarbeit im Kindergarten, wird zur Grundlage für einen Förderdialog zwischen Elternhaus, Elementarbereich und Grundschule und zur Beratungsgrundlage bei der Schulanmeldung und dient als Grundlage für Vereinbarungen, in welchen Bereichen eine weitere Förderung im Vorfeld der Einschulung und nach der Einschulung erfolgen soll. Das *Schulfähigkeitsprofil* umfasst die Bereiche Motorik, Wahrnehmung, personale/soziale Kompetenzen, Umgang mit Aufgaben und elementares Wissen/fachliche Kompetenzen in den Bereichen: Sprache, Mathematik und Erschließung der Lebenswelt (vgl. Ministerium für Schule, Jugend und Kinder des Landes Nordrhein-Westfalen). Es beschreibt die Kompetenzen eines Kindes bezogen auf Wissen und Können in verschiedenen Dimensionen. Das Schulfähigkeitsprofil setzt gewisse Normen, was Kinder können sollen. Es leitet unter professioneller Perspektive dazu an, sich mit den einzelnen Dimensionen der Schulfähigkeit genauer auseinander zu setzen und festzulegen, woran erkannt werden kann, dass Kinder diese Fähigkeiten erworben haben. Das Konzept kann unter einer Perspektive der Unterstützung und Förderung (durch Erzieherinnen und Erzieher), aber auch unter einer Perspektive schulischer Selektion gelesen werden.

Vorverlegung des Anmeldetermins für den Schulbesuch

In einigen Bundesländern, z.B. in Niedersachsen, werden Kinder schon im September des Vorjahres in den für sie zuständigen Grundschulen für den Schulbesuch angemeldet. Ihre Sprachkenntnisse werden – nach einem vom Kultusministerium festgelegten landesweit einheitlichen Verfahren (Screening) – festgestellt. Es wird ein Elterngespräch geführt, um Informationen über die Sprachentwicklung des Kindes einzuholen (Frage nach der Familiensprache, den Sprachen, die das Kind spricht, und der Sprachverwendung in der Erst- und Zweitsprache). In einer Überprüfung des Kindes wird der passive und aktive Wortschatz erfasst und das Verständnis von Handlungsanweisungen überprüft. Die Kriterien für die Einschätzung des Sprachstandes sind an den Erfordernissen des Unterrichts orientiert. Kinder, deren Deutschkenntnisse nicht ausreichen, um erfolgreich dem Unterricht zu folgen, sind verpflichtet, zum 1. Februar des Einschulungsjahres an besonderen schulischen Sprachfördermaßnahmen teilzunehmen, um die Chance für eine erfolgreiche Mitarbeit im Unterricht der ersten Klasse zu erhöhen. Die sechsmonatige Sprachförderung kann im Kindergarten, in der Grundschule oder in beiden Institutionen stattfinden (vgl. Koch/

Niedersächsisches Kultusministerium 2003; Niedersächsisches Kultusministerium 2003).

Rückstellung oder Einschulung?

Lange Zeit gab es die Praxis, nicht »schulreife« oder »schulfähige« Kinder vom Schulbesuch zurückzustellen. Sofern ein Platz in einer Einrichtung wie dem Schulkindergarten oder der Vorklasse vorhanden war, wurden die Kinder hierhin überwiesen. Unter *Schulkindergärten* versteht man überwiegend an Grundschulen, aber auch an Sonderschulen angegliederte sozialpädagogische Einrichtungen für schulpflichtige, jedoch noch nicht schulfähige Kinder, die nach erfolgter Zurückstellung vom Schulbesuch auf den Eintritt in die Grundschule vorbereitet werden. Schulkindergärten sollen Entwicklungsverzögerungen oder bereits manifeste Behinderungen bei Kindern ausgleichen oder zumindest dahingehend mindern, dass nach einjähriger Förderung der Besuch der Grund- oder Sonderschule möglich wird. Grundlegende Fähigkeiten wie Lernbereitschaft, Selbstkontrolle, Kontaktaufnahme, Spielen und Arbeiten mit anderen Kindern, Konzentrations- und Merkfähigkeit, Aufgabenverständnis sollen für späteres erfolgreiches Lernen in der Schule erworben werden. Daneben wurden die Sprechbereitschaft und Sprechfähigkeit in der Gruppe, die Ausbildung der Grob- und Feinmotorik und die visuelle, auditive und taktile Wahrnehmungs- und Differenzierungsfähigkeit gefördert. Der Besuch des Schulkindergartens wird auf die Schulpflicht angerechnet; von daher kann er auch skeptisch gesehen werden, fehlt den Kindern später doch ein Schulbesuchsjahr. Die Einweisung in den Schulkindergarten geschieht meist nach Rücksprache mit dem Schularzt, den Eltern und eventuell einem Schulpsychologen. Sie erfolgt oftmals bei Entwicklungsverzögerungen bzw. -störungen, Unsicherheiten im emotionalen Verhalten (sehr geringes Selbstvertrauen, große Unselbstständigkeit, Angst, Misstrauen), Schwierigkeiten in der Motorik und in der Auge-Hand-Koordination, geringer Durchhaltekraft, Konzentrationsschwäche und mangelndem Antrieb hinsichtlich Aktivität und Interessen (vgl. Hagenbusch 1985, S. 79).

Schuleingangsphase

Die Zurückstellung vom Schulbesuch und die Einweisung in einen Schulkindergarten werden kritisch gesehen, zeigt sich die Grundschule doch selektiv und aussondernd. Daher gibt es Bemühungen, die *Schuleingangsphase* neu zu gestalten. Kinder sollen weder vom Schulbesuch zurückgestellt, noch dazu genötigt werden, eine Klasse zu wiederholen. Ihnen soll ermöglicht werden, die ersten zwei Schuljahre in ein bis drei Jahren, je nach individuellem Zeitbedarf, zu durchlaufen. Dazu werden die Jahrgangsstufen 1 und 2 zu einer organisatorischen und pädagogischen Einheit zusammengefasst, die Verweildauer (zwischen ein und drei Jahren) wird flexibilisiert, und – sofern möglich – werden mehrmals im Jahr Einschulungstermine angeboten. Es wird mit verschiedenen Modellen der Jahrgangsmischung und unterschiedlichen Maßnahmen der inneren und äußeren Differenzierung gearbeitet mit dem Ziel, alle Kinder zu fördern (vgl. auch Faust/Roßbach 2004). Das Alter der Kinder und nicht ihr Entwicklungs- und Lernstand, wird zum Einschulungskriterium. Alle schulpflichtigen Kinder werden in die Schule aufgenommen. Es soll einer größeren Zahl von Kindern, die zwischen dem 1. Juli und dem 31. Dezember das 6. Lebensjahr vollenden, die Möglichkeit gegeben werden, in die Schule aufgenommen zu werden. Die Lern- und Leistungsentwicklung der Kinder wird dokumentiert. Es werden Berichte von den Lehrkräften über jedes einzelne Kind angefertigt. Auf dieser Grundlage werden Entwicklungs- und Förderpläne für die einzelnen Kinder erstellt.

Kooperation von Kindergarten und Schule

Wenn der Lernerfolg der Kinder in der Schule auch durch ihre Entwicklung im Vorschulalter mit bestimmt wird, ist es notwendig, dass Kindertageseinrichtungen und Grundschulen und hier vor allem die Lehrerinnen und Lehrer, die eine erste Klasse übernehmen, eng kooperieren. Die Kooperation soll sich erstrecken auf die gegenseitigen Informationen und Abstimmungen über Ziele, Aufgaben, Arbeitsweisen und Organisationsformen der jeweiligen Bereiche, auf eine Verständigung über elementare Kenntnisse, Fähigkeiten und Fertigkeiten, die die Grundlage für die Arbeit in der Grundschule darstellen und möglichst schon im Kindergarten gefördert werden sollen, auf den Austausch über Fragen im Zusammenhang mit der Gestaltung des Übergangs vom Kindergarten in die Grundschule, auf wechselseitige Hospitationen, gemeinsame Veranstaltungen und Projekte, gegenseitige Besuche von Kindergartengruppen in der Schule und von Schulklassen im Kindergarten sowie auf gemeinsame Fortbildungsveranstaltungen (vgl. Hopf/Zill-Sahm/Franken 2004).

Bedingungen des Wissenserwerbs

Der Aufbau und die Entwicklung von Kompetenzen bei Kindern sowie ihre Sozialisationsprozesse sind von verschiedenen Bedingungen abhängig. Dabei lassen sich grundsätzlich drei Bedingungskomplexe des Wissenserwerbs bei Kindern voneinander abgrenzen. Diese sind individuelle, institutionelle und außerinstitutionelle Faktoren. Unter individuellen Bedingungsfaktoren werden Lernvoraussetzungen und Lernprozesse bei Kindern verstanden. Voneinander unterscheiden lassen sich dabei im Wesentlichen kognitive, motivationale, affektive und soziale Bedingungsfaktoren (vgl. Wild/Hofer/Pekrun 2001). Aus der Unterrichtsforschung wissen wir, dass neben kognitiven Faktoren wie der allgemeinen Intelligenz oder dem Vorwissen motivationale Faktoren wie bereichsspezifische Selbstkonzepte oder Lern- bzw. Leistungsmotivationen, als wichtige Determinanten von Schulleistungen gelten (vgl. Helmke/Schrader 2001). Unter institutionellem Aspekt werden zum einen bildungspolitische, zum anderen schulische Rahmenbedingungen als Bedingungsfaktoren für Schulleistungen bei Kindern gefasst. Das bedeutet, dass die Möglichkeit, guten, d.h. wirksamen Unterricht erteilen zu können, abhängig ist von finanziellen Ressourcen, die der Staat bzw. einzelne Bundesländer Grundschulen bereitstellen. Weitere mögliche Prädiktoren sind – unter bildungspolitischem Aspekt – Empfehlungen der Kultusministerkonferenz, wie zum Beispiel die vor kurzem veröffentlichten Bildungsstandards für den Primarbereich (vgl. Kultusministerium 2004a/b) oder – wie bislang – Rahmenrichtlinien bzw. Lehrpläne in den einzelnen Bundesländern. Auf der Ebene des Unterrichts lassen sich verschiedene Ebenen voneinander unterscheiden: Es ist zu vermuten, dass Lehr- und Lernsituationen einerseits durch die Expertise der Lehrkräfte, ihren Unterrichtsstil, ihre Ausbildung sowie ihre pädagogischen wie fachlichen Interessen bestimmt sind, andererseits aber auch durch die Zusammensetzung der einzelnen Schulklassen, d.h. ihrer Heterogenität und dem daraus möglicherweise resultierenden Lernklima (vgl. Helmke 2004; Meyer 2004; Kiper/Mischke 2006, S. 71ff.).

Als außerinstitutionelle Merkmale lassen sich zusammenfassend die folgenden Bedingungen nennen: der sozioökonomische Status der Eltern, ihr Bildungsniveau, ihre kulturelle Herkunft sowie beispielsweise das elterliche Erziehungs- und Unterstützungsverhalten, z.b. bei der Anfertigung von Hausaufgaben oder der Beschaffung schul- bzw. unterrichtsrelevanter Materialien. Plausibel ist beispielsweise, dass Kinder, deren Eltern hinsichtlich ihrer finanziellen Ressourcen an der Armutsgrenze leben, schlechtere Bedingungen für erfolgreiche Wissenserwerbsprozesse vorfinden als ihre Klassenkameradinnen und -kameraden: Häufig wird in der Literatur berichtet, dass eben diese Kinder nicht ausreichend Raum für die Anfertigung von Aufgaben zu Hause vorfinden, dass nicht genügend Unterrichtsmaterialien von den Eltern angeschafft werden können und sie nur wenig Zugang zu Büchern im häuslichen Umfeld haben (vgl. Becker/Lauterbach 2004).

Gegenwärtig ist davon auszugehen, dass einzelne Bedingungen des Wissenserwerbs interdependent sind, d.h. bis zu einem gewissen Grad einander beeinflussen: Unterschieden werden in diesem Zusammenhang proximale und distale Bedingungen. Unter proximalen Bedingungen werden Faktoren verstanden, die den Wissenserwerb direkt beeinflussen, wohingegen distale Bedingungen dadurch gekennzeichnet sind, dass sie sozusagen über dazwischengeschaltete Variablen Einfluss auf Lernprozesse nehmen. So ist beispielsweise aus der Internationalen Grundschul-Lese-Untersuchung (IGLU) bekannt, dass Kinder aus sozial schwächeren Familien in der Regel in einem weniger stimulierenden und eher anregungsarmen Umfeld aufwachsen. Ihnen wird beispielsweise in der Vorschulzeit weniger vorgelesen, sie besuchen seltener vorschulische Einrichtungen, in denen sie womöglich von Erzieherinnen und Erziehern gefördert werden. Im häuslichen Umfeld stehen ihnen nur wenige Bücher zur Verfügung. All diese Bedingungsfaktoren nehmen Einfluss – dies sind die gegenwärtigen Annahmen – auf den Schriftspracherwerb bei Kindern im Allgemeinen und die

Entwicklung der Lesekompetenz im Speziellen. In unserem Beispiel stellt der Schriftspracherwerb bzw. die Genese der Lesekompetenz das Kriterium dar, wohingegen die soziale Herkunft von Kindern als distale Bedingung gilt und hieraus resultierende Unterstützungsverfahren wie der Besuch von Kindergärten, das Vorlesen im vorschulischen Alter usw. als proximale Bedingungen wirken. Während besonders unter individuellem Aspekt mittlerweile zahlreiche Beiträge aus der Grundschulforschung vorliegen, gibt es – mit wenigen Ausnahmen – kaum Beiträge, bei denen die schulische oder außerschulische Perspektive berücksichtigt wird. Damit stellen die Internationale Grundschul-Lese-Untersuchung (IGLU) sowie die Längsschnittstudie SCHOLASTIK Meilensteine für die aktuelle Grundschulforschung dar.

Überprüfung von Bedingungen des Wissenserwerbs

Voneinander unterscheiden lassen sich drei verschiedene quantitative Untersuchungsverfahren, die für das Verständnis einer modernen Grundschulforschung wichtig sind: In *Querschnittstudien* wie der Internationalen Grundschul-Lese-Untersuchung (IGLU) sowie ihrer nationalen Erweiterung (IGLU-E) um die Lernbereiche Mathematik, Naturwissenschaften und Orthographie werden Kompetenzen zu einem Messzeitpunkt sowie ihre Abhängigkeiten von individuellen, institutionellen und außerinstitutionellen Bedingungsfaktoren betrachtet: IGLU gibt damit zusammenfassend Auskunft über das Wissen und Können von Kindern des vierten Schuljahres, d.h. am Ende ihrer Grundschulzeit, und *nicht* über die Entwicklung bereichsspezifischer Kompetenzen (vgl. Merkens 2004, S. 10). Hierfür sind *Längsschnittuntersuchungen* notwendig, bei denen Kinder in regelmäßigen oder unregelmäßigen Abständen, jedenfalls zu verschiedenen, aufeinander folgenden Messzeitpunkten – beispielsweise von der Vorschulzeit über die Grundschulzeit hinweg bis in das Sekundarstufenalter hinein – zu Aspekten ihres Kompetenzaufbaus unter Berücksichtigung verschiedener anderer, z.B. allgemeinschulischer oder unterrichtlicher Variablen befragt werden. Längsschnittstudien ermöglichen dabei insbesondere die Klärung von

Ursache-Wirkungs-Zusammenhängen. Gegenwärtig liegen aus dem Bereich der Entwicklungspsychologie zwei größer angelegte Längsschnittstudien vor. Es handelt sich um die Studien LOGIK (»Longitudinalstudie zur Genese individueller Kompetenzen«, vgl. Weinert 1998) und SCHOLASTIK (»Schulorganisierte Lernangebote und Sozialisation von Talenten, Interessen und Kompetenzen«; vgl. Weinert/Helmke 1997), denen gemeinsam ist, dass sie von einem Team um den Lehr- und Lernforscher Franz E. Weinert in den achtziger und neunziger Jahren durchgeführt wurden. In beiden Studien wurden in erster Linie Kompetenzentwicklungen in Deutsch und Mathematik sowie zusätzlich individuelle und schulische Bedingungen von Entwicklungsverläufen skizziert. Die Befunde geben Auskunft darüber, welche individuellen und schulischen Bedingungen im Sinne von Prädiktoren geeignet sind, um Varianzanteile bei der Vorhersage von Kompetenzen in Deutsch und Mathematik bei Kindern längsschnittlich vorhersagen zu können. Findet man in solchen Untersuchungen wie LOGIK oder SCHOLASTIK zum Beispiel heraus, dass Kinder, die bereits zu Beginn ihrer Schulzeit über gute Problemlösefähigkeiten verfügen, im Vergleich zu ihren Klassenkameradinnen und -kameraden, die eben diese Eingangsvoraussetzungen nicht zeigen, in den ersten vier Schuljahren bessere Leistungen in Deutsch und Mathematik zeigen, induziert dies unweigerlich die Frage danach, wie Problemlösekompetenzen bei Kindern gefördert werden können. Um Förderkonzepte zum Beispiel im Bereich des Problemlösens hinsichtlich ihrer Effektivität geeignet prüfen zu können – und dies ist der dritte Untersuchungstyp – werden in der Regel im Bereich der Lehr- und Lernforschung *experimentelle Studien* angesetzt: Im Rahmen einfacher Kontrollgruppen-Designs wird beispielsweise geprüft, ob Kinder, die für eine geraume Zeit an einem Training im Bereich des Problemlösens teilnehmen, sich im Vergleich zu einer vergleichbaren Kindergruppe, die an keiner Fördereinheit beteiligt ist, verbessert haben. Um Effekte in einer Trainingseinheit prüfen zu können, werden Kindern dabei in der Regel vor und nach der Untersuchung Tests – in unserem Beispiel Tests zur Erfassung von Problemlösekompetenzen – gestellt. Eine Kindergruppe, die in einer solchen Untersuchung an einem Training teilnimmt, nennt man die Experimentalgruppe, wohingegen man die Kindergruppe, der kein Training zuteil wird, als die Kontrollgruppe bezeichnet. Wichtig bei der Planung solcher experimenteller Studien ist es, dass die Kinder den beiden Untersuchungsgruppen entweder zufällig zugewiesen werden oder sie in Bezug auf ihr Alter, ihr Geschlecht und/oder ihrer in einem Vortest erfassten Fähigkeiten, zum Beispiel hier im Bereich des Problemlösens, bezüglich der Untersuchungsgruppen parallelisiert werden. Es sollten sich – vereinfacht ausgedrückt – zum Beispiel genauso viele Mädchen wie Jungen, genauso viele gute wie schlechte Problemlöser usw. in der Kontroll- wie in der Experimentalgruppe befinden. In komplexeren experimentellen Untersuchungsdesigns werden verschiedene Trainings gegenübergestellt. Evaluativ vergleichend könnte zum Beispiel geprüft werden, ob ein Trainingsprogramm, das sich aus der Förderung selbstregulativer und problemlösender Fähigkeiten zusammensetzt, einem Training überlegen ist, das nur auf Problemlösen fokussiert.

Projekte zur Grundschulforschung

Folgt man Merkens (2004), so dienen intranational und international vergleichende Schulleistungsstudien dem Herausfinden von so genannten Schwachstellen im deutschen Bildungssystem. Sie führen häufig zu neuen Überlegungen, manchmal sogar zu einer Reformierung des Lehrens und Lernens auf den einzelnen Schulstufen. Das im Anschluss an PISA 2000 von der Deutschen Forschungsgemeinschaft (DFG) geförderte Schwerpunktprogramm »Bildungsqualität von Schule« (BIQUA) legt den Schwerpunkt auf die Analyse individueller, schulischer und außerschulischer Bedingungsvariablen von mathematisch-naturwissenschaftlichen Kompetenzen bei Schülerinnen und Schülern der Primar- und Sekundarstufe. Auf der Basis der gewonnenen analytischen Befunde wurden Förderprogramme und Trainings konzipiert, die schließlich in die Praxis implementiert und dort evaluiert wurden. Neben diesem Forschungsprogramm sind insbesondere verschiedene Modellversuche der Bund-Länder-Kommission (BLK) zu nennen, die in regelmäßigen Abständen durchgeführt wurden, so zum Beispiel das im Anschluss an IGLU respektive IGLU-E initiierte Programm *SINUS-Transfer Grundschule*, bei dem eine Weiterentwicklung des lebensweltbezogenen mathematischen und naturwissenschaftlichen Unterrichts in der Grundschule angestrebt wird. Die Letter SINUS stehen dabei für die »Steigerung der Effizienz des mathematisch-naturwissenschaftlichen Unterrichts«. Innerhalb von fünf Jahren (2004 bis 2008) arbeiten Lehrerinnen und Lehrer aus den an *SINUS-Transfer Grundschule* beteiligten Schulen sowohl schulintern als auch schulübergreifend zusammen. Wissenschaftlich begleitet wird das Projekt von Vertreterinnen und Vertretern aus den Bereichen Pädagogik, Psychologie und den Fachdidaktiken. Darüber hinaus wurde im Anschluss an den Befund aus IGLU, dass Kinder, die vorschulische Einrichtungen besucht haben, bessere Kompetenzen im Lesen zeigen als Kinder, deren erste Bildungsstation die Grundschule ist, ein Forschungsschwerpunkt von der Deutschen Forschungsgemeinschaft (DFG) bewilligt, der thematisch eben diesen Bereich betrifft (»Bildungsprozesse, Kompetenzentwicklung und Formation von Selektionsentscheidungen im Vorschul- und Grundschulbereich (BiKS)«. Darüber hinaus werden momentan in einzelnen Arbeitsgruppen an Universitäten in Deutschland Überlegungen dahingehend angestellt, den Bereich der Frühförderung stärker zu professionalisieren und – im Besonderen – die Ausbildung angehender Erzieherinnen und Erzieher zukünftig an Fachhochschulen und Universitäten stattfinden zu lassen. Diese Überlegungen sind bereits in einigen Bundesländern sehr konkret. Die OECD hat gerade einen Bericht über die »Politik der frühkindlichen Betreuung, Bildung und Erziehung in der Bundesrepublik Deutschland« (2004) verfasst, der erneute Diskussionen in Bezug auf Fördermaßnahmen im Bereich der Frühpädagogik auslöste.

Unterrichtsfächer

In diesem Kapitel möchten wir in das Lehren und Lernen in den Unterrichtsfächern einführen. Im Zentrum unserer Überlegungen stehen dabei der Deutsch-, der Mathematik- und der Sach- sowie der Fremdsprachenunterricht in der Grundschule. Wir werden auf inhaltliche und anforderungsbezogene Dimensionen der einzelnen Unterrichtsfächer eingehen, Ergebnisse aus der Unterrichtsforschung zum Kompetenzaufbau in den einzelnen Unterrichtsfächern referieren und konzeptionelle Überlegungen in Hinblick auf den Anfangsunterricht in Deutsch und Mathematik geben.

Lehrpläne versus Bildungsstandards?

In 2004 wurden Bildungsstandards für den Grundschulbereich von der Kultusministerkonferenz (KMK 2004a/b) erlassen. Bislang haben in der Grundschulpraxis Lehrpläne bzw. Rahmenrichtlinien verbindlichen Charakter für das Lehren und Lernen. Durch die Einführung von Bildungsstandards werden Veränderungen induziert. Während Bildungsstandards auf nationaler Ebene Verbindlichkeit an Grundschulen haben, sind Lehrpläne und Rahmenrichtlinien auf Länderebene konzipiert und erlassen. Lehrpläne und Rahmenrichtlinien dienen dazu, Lehrkräfte in der Unterrichtspraxis über verbindlich zu behandelnde, fachbezogene Inhalte und Fähigkeiten auf den einzelnen Schulstufen zu informieren. Bis zu einem gewissen Grad werden Hinweise zur Behandlung einzelner Themen geliefert. Demgegenüber wird bei den Bildungsstandards jeweils ein mittleres Niveau an inhaltlicher und anforderungsbezogener Kompetenz definiert, über das Kinder am Ende der vierten Klassenstufe verfügen sollten. Aus unserer Sicht scheint es notwendig, Bildungsstandards und Lehrpläne zukünftig aufeinander abzugleichen, um das Lehren und Lernen auf der Primarstufe sinnvoll und effektiv gestalten zu können. Wie können Schülerinnen und Schüler auf dem Weg zum Erlangen spezifischer Kompetenzen begleitet und unterstützt werden? – Wir präsentieren Konzeptionen grundlegender Bildung in den einzelnen Unterrichtsfächern sowie Möglichkeiten ihrer Realisierung durch adäquate Lehr- und Lerngänge im Anfangsunterricht. Für die Lernbereiche Deutsch und Mathematik gehen wir dabei von den in 2004 von der Ständigen Konferenz der Kultusminister erlassenen Bildungsstandards für das Ende der Grundschulzeit aus und fragen zunächst, über welche Kompetenzen Kinder am Ende von Klassenstufe 4 verfügen sollten.

Deutsch

Als Bildungsauftrag der Grundschule gilt, Kinder im Unterrichtsfach Deutsch in Schrift und Sprache zu unterrichten und sie besonders im Anfangsunterricht mit der Kulturtechnik des Lesens und Schreibens vertraut zu machen: »Sprache ist Träger von Sinn und Überlieferung, Schlüssel zum Welt- und Selbstverständnis und Mittel zwischenmenschlicher Verständigung. Sie hat grundlegende Bedeutung für die kognitive, emotionale und soziale Entwicklung der Kinder. Aufgabe des Deutschunterrichts in der Grundschule ist es, den Schülerinnen und Schülern eine grundlegende sprachliche Bildung zu vermitteln, damit sie in gegenwärtigen und zukünftigen Lebenssituationen handlungsfähig sind.« (KMK 2004a, S. 7) Dem Deutschunterricht kommt eine besondere Funktion zu. Kompetenzen in der deutschen Sprache, im Lesen und Schreiben gelten als wichtige Prädiktoren für den Schulerfolg in anderen Unterrichtsfächern: »Sprache ist in allen Fächern Medium des Lernens.« (KMK 2004a, S. 8)

Was sollen Kinder am Ende ihrer Grundschulzeit in Deutsch wissen und können? Durch die von der Kultusministerkonferenz erlassenen Bildungsstandards für das Unterrichtsfach Deutsch (vgl. KMK 2004a) ist festgelegt, über welche Kompetenzen Kinder am Ende ihrer Grundschulzeit verfügen sollten. Zu den zentralen Kompetenzbereichen im Unterrichtsfach Deutsch zählen dabei (1)

Sprechen und Zuhören, (2) Schreiben, (3) Lesen, d.h. der Umgang mit Texten und Medien, sowie (4) das Untersuchen von Sprache und Sprachgebrauch.

Sprache

Die Aufgabe des Deutschunterrichts besteht unter anderem darin, Kinder dabei zu unterstützen, sprachlich vermittelte Sachverhalte zu verstehen und sie in einer adäquaten Weise wiedergeben zu können. Sie sollen lernen, Gespräche zu führen und vor allen Dingen funktionsangemessen zu sprechen, d.h. zum Beispiel erzählen, informieren, argumentieren oder sogar appellieren zu können (vgl. z.B. KMK 2004a, S. 13). Üblicherweise werden im Grundschulunterricht für die explizite Sprachförderung verschiedene Szenarien und Rituale geschaffen. So gelten beispielsweise Gesprächskreise respektive Stuhlkreise häufig als Elemente des Grundschulunterrichts. In der Regel werden Kinder aufgefordert, in der Weise über eigene Erlebnisse so zu berichten, dass sie von Klassenkameradinnen und -kameraden verstanden und ihre Erfahrungen, Erlebnisse und Argumentationen nachvollzogen werden können. In Ansätzen sollte es dabei gelingen, mit Kindern zu ausgewählten sozialen Themen zu diskutieren, gemeinsam Pro- und Contra-Argumente zu sammeln und Diskurse zu führen. Daneben sollten sie – dies wird vielfach gefordert – bereits vom ersten Schuljahr an, Erfahrungen mit elektronischen Kommunikationsmedien sammeln.

Lesen

Lesekompetenz umfasst die Fähigkeit, in Text vorliegende Informationen dekodieren und interpretieren zu können (vgl. Schaffner/Schiefele/Drechsel/Artelt 2004, S. 94). Generell wird dabei zwischen *Lesefertigkeit* und *Leseverständnis* unterschieden. Während unter Lesefertigkeit die Kompetenz verstanden wird, Grapheme in Phoneme zu dekodieren, d.h. zu übersetzen, meint Leseverständnis die Kompetenz, aus Geschriebenem den Sinngehalt zu entnehmen bzw. »die Verarbeitung verbal kodierter Problemstellungen« (vgl. Rost

2001, S. 451) zu realisieren. Der verfügbare Wortschatz, die Intelligenz sowie die (schlussfolgernde) Denkfähigkeit gelten dabei bei Kindern als relevante Einflussfaktoren. Während die Entwicklung von Lesefertigkeiten bei Kindern vornehmlich im ersten und zweiten Schuljahr im Vordergrund des Deutschunterrichts steht, gilt es, das Leseverständnis im dritten und vierten Schuljahr bei Schülerinnen und Schülern anzubahnen. Folgt man Bos, Lankes, Schwippert, Valtin, Voss, Badel und Plaßmeier (2003, S. 73ff.), so gilt es, im Kontext der Förderung des Leseverständnisses zwei verschiedene *Leseintentionen* voneinander zu unterscheiden, nämlich das Lesen literarischer Texte sowie das Lesen von Schriften, die den Erwerb und Gebrauch von Informationen stützen. Unter anforderungsbezogenem Gesichtspunkt gilt es hinsichtlich beider Leseintentionen theoretisch zwischen den folgenden Dimensionen, d.h. *Aspekten der Verstehensleistung* zu unterscheiden: (a) »Erkennen und Wiedergeben explizit angegebener Informationen«, (b) »einfache Schlussfolgerungen ziehen«, (c) »komplexe Schlussfolgerungen ziehen und begründen; Interpretieren des Gelesenen« sowie (d) »Prüfen und Bewerten von Inhalt und Sprache« (vgl. Bos u.a. 2003, S. 74). Diese Überlegungen gehen einher mit den von der Kultusministerkonferenz (KMK 2004a) erlassenen Bildungsstandards für das Unterrichtsfach Deutsch. Dort ist formuliert, dass Schülerinnen und Schüler am Ende ihrer Grundschulzeit über Lesefähigkeiten insofern verfügen sollten, als dass es ihnen gelingt, altersgemäße Texte sinnentnehmend zu lesen. Sie sollten über Erfahrungen im Lesen verfügen, verschiedene Sorten von Sach- und Gebrauchstexten, Erzähltexte, lyrische und szenische Texte kennen und sie vor allen Dingen voneinander unterscheiden können. Im Verlauf der ersten Grundschuljahre sollen Kinder im Besonderen darin unterstützt werden, selektiv auswählend und kritisch mit literarischen Werken und informierender Literatur umzugehen. Der Förderung metakognitiver Fähigkeiten wird im Rahmen des Leseunterrichts eine besondere Bedeutung zugesprochen. Das Vorhandensein metakognitiver Fähigkeiten im Bereich des eigenen Beobachtens und Kontrollierens der eigenen Leseverständnisaktivität trägt zur Förderung des Leseverständnisses bei. Unter metakognitiven Aktivitäten wird zum Beispiel verstanden, sich den Grund oder den Zweck des Textlesens, d.h. die implizit enthaltene Aufgaben- oder Problemstellung zu vergegenwärtigen, das Augenmerk auf die wichtigsten Informationen eines Textes zu legen und – unter eher regulativem Aspekt –, das Lesen gegen konkurrierende Handlungen abzuschirmen und den Verständnisprozess im Allgemeinen zu überwachen. Dabei sollen verschiedene Verständnisstrategien eingesetzt werden wie (a) Zusammenfassungen von Texten erstellen (wie zum Beispiel Überschriften zu Textteilen als strukturierte Abrufehilfen), (b) Fragen bezüglich des Textes formulieren, (c) Unklarheiten klären und (d) Antizipationen hinsichtlich des Sinngehaltes von Texten vornehmen.

Schreiben

Die Liste der Standards, über die Kinder am Ende der Grundschulzeit im Schreiben verfügen sollten, ist lang: Kinder sollen, so die Kultusministerkonferenz (2004a, S. 13) »über Schreibfertigen verfügen, »eine gut lesbare Handschrift« entwickeln, »flüssig schreiben«, »Texte zweckmäßig und übersichtlich gestalten«, »richtig schreiben«, d.h. »geübte, rechtschreibschwierige Wörter normgerecht schreiben«, »Rechschreibstrategien verwenden, [...], ableiten, einprägen«, »Zeichensetzung beachten« und »über Fehlersensibilität verfügen« sowie »Texte planen, schreiben und überarbeiten« (KMK 2004a, S. 13). Schreibprozesse gilt es – über die ersten vier Schuljahre hinweg –, kontinuierlich und aufeinander aufbauend im Grundschulunterricht zu entwickeln. Eng verknüpft mit der Anbahnung dieser Kompetenzen ist dabei das Lesenlernen bei Kindern. Auch wenn noch ungeklärt ist, inwiefern Prozesse des Lesens und Schreibens bei Kindern einander stützen und beeinflussen, so ist anzunehmen, dass es sich um eine wechselseitige Beziehung handelt, d.h., dass das Schreiben von Wörtern das Lesen derselbigen bei Schülerinnen und Schülern unterstützt, wie auch umgekehrt das Lesenlernen Schreibkompetenzen ermöglicht (vgl. Helbig u.a. 2005). Im Laufe des dritten und vierten Schuljahres gilt es in der Regel – aufbauend auf rudimentären Schreibkenntnissen und -fähigkeiten, die es im Anfangsunterricht zu entwickeln gilt –, Kinder zu befähigen, über Rechtschreibstrategien zu verfügen sowie lautentsprechend unter Berücksichtigung orthographischer und morphematischer Regeln sowie grammatikalischen Wissens schreiben zu können (vgl. KMK 2004a, S. 10). Diese Kompetenzen werden als Voraussetzungen für die Produktion eigener Texte verstanden, über die Kinder spätestens am Ende der vierten Klassenstufe verfügen sollten. In diesem Zusammenhang gilt es, verschiedene Schreibintentionen mit Kindern zu besprechen und metakognitive Strategien vorzubereiten, die sie dazu befähigen, ihre eigenen Texte in Hinblick auf deren Verständlichkeit, Wirkung und sprachliche Richtigkeit zu prüfen.

Sprache und Sprachgebrauch untersuchen

Als ein weiteres Ziel des Deutschunterrichts gilt es im Kontext des Aufbaus von Lese- und Schreibkompetenzen, Kinder in einer detaillierten Weise darin zu schulen, Sprache und vor allen Dingen den eigenen Sprachgebrauch untersuchen zu können. Hierzu gehören Fähigkeiten, Wortbildungen zu kennen, sprachliche Operationen – wie Umstellen, Ergänzen, Weglassen von Worten in Sätzen – zu analysieren, Textproduktionen durch die Anwendung sprachlicher Operationen zu unterstützen, mit Sprache experimentell umzugehen und vieles mehr. Gemeinhin werden diese Fähigkeiten auch als Kompetenzen im Bereich Orthographie bezeichnet, die sich bei Vorhandensein in besonderem Maße dadurch auszeichnen, dass – folgt man der KMK (2004a) – grundlegende sprachliche Strukturen und Begriffe von Kindern erkannt und verstanden werden. Dies ist daran erkennbar, dass unter deklarativem und prozeduralem Aspekt Wörter in Bezug auf ihre Funktionalität unterschieden und Sätze in ihre Bestandteile zerlegt und gedeutet werden können.

Anfangsunterricht in Deutsch

Während im Deutschunterricht auf der Primarstufe im dritten und vierten Schuljahr vordergründig die Lese- und Schreibsicherheit und das Leseverständnis geschult werden, ist es die Aufgabe von Lehrerinnen und Lehrern, Lesefertigkeiten in den ersten beiden

Schuljahren Grund zu legen. Umfangreiche Forschungsarbeiten zum Lesen- und Schreibenlernen liegen für den Anfangsunterricht in der Grundschule vor. Es handelt sich hierbei um Theorien und Modelle zur Beschreibung und Erklärung der Lese- und Schreibprozesse bei Kindern (vgl. auch Valtin 1996, S. 177). Dabei lassen sich grundsätzlich zwei verschiedene Forschungsstränge voneinander unterscheiden, nämlich eine differenzielle und eine prozessorientierte Forschungsrichtung. Bei dem differenziellen Zugang geht es im Schwerpunkt darum, grundlegende Determinanten im Sinne von Prädiktoren für Lese- und Schreibkompetenzen bei Kindern zu generieren bzw. hypothetisch zu prüfen: »Im Sinne eines additiven Komponentenmodells [...] [wird] hier die Bedeutsamkeit einzelner kognitiver und nicht-kognitiver Lernermerkmale für die Lesekompetenz ermittelt« (Schneider 2001, S. 434). Besonders in den siebziger Jahren konnten dabei in Untersuchungen verschiedene verbale Faktoren wie das Sprachverständnis, der Wortschatz, die Wortflüssigkeit, aber auch das sprachgebende Gedächtnis als Prädiktoren für das Lesenlernen herausgestellt werden. Unklar ist gegenwärtig die genaue Wirkung dieser Faktoren beim Lesenlernen. Aus prozessorientierter Perspektive haben – folgt man Schneider (2001, S. 435) – besonders in den letzten fünfundzwanzig Jahren so genannte Informationsverarbeitungsmodelle an Bedeutung gewonnen, die eher unter entwicklungspsychologischem Aspekt Modelle des Erwerbs von Lesekompetenz und des Schriftspracherwerbs darstellen. Im Zentrum dieser Überlegungen steht dabei die Vermutung, es gebe qualitative Entwicklungsstufen, die sich als schrittweise Übergänge von eher rudimentären Lesestrategien hin zu effizienten und elaborierten bei Kindern beschreiben lassen. Gegenwärtig liegen hierzu zwei verschiedene Modelle vor. Das eine Modell geht dabei auf Marsh, Friedmann, Welch und Desberg (1981) zurück und beschreibt den Prozess des Lesenlernens als einen vierstufigen Prozess: Auf der ersten Stufe lesen Kinder Wörter als Logogramme, d.h. ganzheitlich: »Da kaum Wissen über die phonologische Struktur verfügbar ist, gibt es keine Möglichkeit, neue und unvertraute Wörter zu erlesen.« (Schneider 2001, S. 435) Aus diesem Grund sind viele Leselehrgänge im ersten Schuljahr weitgehend ganzheitlich angelegt. Die zweite Niveaustufe ist dadurch gekennzeichnet, dass Lesestrategien von Kindern primär visuell orientiert sind. Kinder nutzen auf dieser Stufe beim Lesen kontextuelle Hintergrundinformationen und linguistische Hinweise. Sie sind kompetent, Analogien zu nutzen. Auf der dritten Niveaustufe, die in etwa ab dem achten Lebensjahr bei Kindern beobachtet werden kann, gelingt es Kindern, Regeln anzuwenden und zu kombinieren: Sie können Wörter in einzelne Phoneme auseinander nehmen und so genannte Graphem-Phonem-Korrespondenzregeln anwenden. Neue Wörter können immer dann dekodiert werden, wenn sie gewöhnlich, d.h. regelhaft konstruiert sind. Die vierte Kompetenzstufe ist schließlich dadurch gekennzeichnet, dass Kinder ungefähr im Alter von zehn Jahren Analogie-Strategien nutzen (vgl. Schneider 2001, S. 435).

Ein anderes Modell geht im Ursprung auf Frith (1985) zurück. Es postuliert im Vergleich zu dem Modell von Marsh u.a. (1981), dass die Entwicklungen des Lesens und Schreibens parallel verlaufen und sich gegenseitig beeinflussen. Das Modell von Frith unterstellt insgesamt drei Niveaustufen. Ähnlich wie bei dem Modell von Marsh u.a. (1981) ist die erste Stufe dabei durch eine eher ganzheitliche, logographische Strategie gekennzeichnet, Wörter werden in der Regel von Kindern aufgrund optischer Merkmale wieder erkannt: »Bereits gelernte Wörter können so identifiziert werden, unbekannte dagegen nicht.« (Schneider 2001, S. 435) Das Rechtschreiben beginnt bei Kindern bereits auf dieser Niveaustufe, sie »wird aber im Vergleich zum Lesen schneller verlassen, da das Schreiben die schriftliche Fixierung einzelner Buchstaben erfordert« (Schneider 2001, S. 435). Die zweite Niveaustufe ist, so Frith (1985), durch eine alphabetische Strategie gekennzeichnet. Kinder sind auf dieser Stufe ihrer Entwicklung in der Lage, neue Wörter dadurch zu erlesen, dass sie Grapheme einzelnen Phonemen zuordnen können. Eigene Schreibübungen unterstützen diese Graphem-Phonem-Korrespondenz dabei. Auf der höchsten Niveaustufe sind Kinder schließlich fähig, so genannte orthographische Strategien anzuwenden, bei denen »ein direkter Zugang auf das innere semantische Lexikon möglich wird« (Schneider 2001, S. 435). Sie können nun Buchstabengruppen und einzelne Wörter bei gleichzeitiger Verfügbarkeit orthographischer Konventionen analysieren.

In neuerer entwicklungspsychologischen Modellen werden, so Schneider (2001, S. 436), kontinuierliche Übergänge, nämlich »von eher visuell geprägten Worterkennungsstrategien [...] über partielle alphabetische Strategien [...] zu vollständig entwickelten alphabetischen Strategien angenommen, wobei nicht länger von der Existenz einer ersten, d.h. ganzheitlichen bzw. logographischen Strategie ausgegangen wird (vgl. Ehri 1992). Zusammenfassend gilt, dass die vorliegenden entwicklungspsychologischen Modelle nur wenig im Rahmen von Längsschnittstudien empirisch geprüft sind, sie bieten allerdings gegenwärtig eine als annähernd hervorragend zu bezeichnende Richtschnur für Praktikerinnen und Praktiker.

Als besonders wichtig wird seit längerem die phonologische Bewusstheit als Voraussetzung für das Lesen- und Schreibenlernen erachtet. Beim Lesen ist insbesondere ein Bezug zur Lautstruktur notwendig, »d.h. das Kind muss jetzt auf etwas bewusst achten, was in die bisherige Sprachverarbeitung automatisch und unbewusst einging« (Wimmer/Landerl 2001, S. 443). Die besondere Schwierigkeit bestehe für Kinder beim lautierenden Lesen bei der Koartikulation der Laute, d.h. genau beim Zusammenziehen einzelner Laute, die durch Buchstaben dargestellt sind, zu Silben. Beim lautgetreuen Schreiben bestehen ähnliche Probleme, es sind Zerlegungen gesprochener Worte in einzelne Silben und Lautsegmente erforderlich, um Worte adäquat in Schrift umwandeln zu können.

Im Bereich der Unterrichtsforschung besteht Konsens darin, dass sich lese- und rechtschreibschwache Kinder durch spezifische Anfangsschwierigkeiten beim Lesen- und Schreibenlernen bemerkbar machen. Dabei wird schon lange nicht mehr davon ausgegangen, dass es sich bei Lese-Rechtschreib-Schwächen von Kindern um visuelle Gedächtnisstörungen aufgrund fehlender Dominanz der linken Hirnhemisphäre ursächlich handele, die zu einer Verwechslung formidentischer Buchstaben führt. Vielmehr gehen neuere Überlegungen in die Richtung, dass angenommen wird, Kinder mit Lese-Rechtschreib-Schwierigkeiten würden in erster Linie sprachlich-phonologische Störungen zeigen, die sich in »phonetische[n] Verwechslungen zwischen ähnlichen Lauten« (Wimmer/Landerl 2001, S. 442) äußern: Kinder mit Lese-Rechtschreib-Schwächen haben dabei in der Regel Probleme beim Zusammenlauten einzelner

Buchstaben (zum Beispiel a/-/u/-/t/-/o) zu Worten (Auto) und bei der Synthese von Lauten, d.h. beim Zusammenlauten von zwei bis drei Lauten. Beim Schreiben sind sie nicht in der Lage, Worte in Laute zu segmentieren und damit lautgetreu zu schreiben. Generelle Schwächen zeigen sie beim Einprägen von Buchstaben-Laut-Beziehungen, d.h. bei Graphem-Phonem-Zuordnungen. In der Regel können sie zum Beispiel zu vorgelegten Buchstaben keine Laute benennen.

In Untersuchungen konnte gezeigt werden, dass Unterschiede in Leseleistungen bei Schülerinnen und Schülern in der Sekundarstufe sich durch Unterschiede in ihren Leseleistungen in der frühen Grundschulzeit vorhersagen lassen (vgl. Schneider 2001, S. 440). Ähnliches trifft auch auf die Entwicklung des (Recht-)Schreibens zu: Kinder, die im Anfangsunterricht Probleme beim Erlernen des lautgetreuen Schreibens hatten, zeigten auf späteren Schulstufen Schwierigkeiten bei Rechtschreibungen.

Besonders auf dem Hintergrund dieser längsschnittlichen Befunde haben in besonderem Maße vorschulische Einrichtungen und Grundschulen kompensatorischen Charakter in Hinblick auf die Förderung sowohl vorbereitender als auch eigentlicher Schriftsprachkompetenzen. Eine besondere Bedeutung kommt dabei der sprachlich-phonologischen Bewusstheit beim Lesen- und Schreibenlernen zu. Aus der Unterrichtsforschung ist mittlerweile bekannt, dass frühe phonologische Kompetenzen wie die Segmentierung in subsyllabische Einheiten, das Erkennen von Reimen und Alliterationen, die Beherrschung von Kinderreimen, Buchstabenkenntnis sowie die sprachgebundene Informationsverarbeitungsgeschwindigkeit bei Kindern als beste Prädiktoren für die Vorhersage von Leistungen im Bereich des Lesens und Schreibens gelten (vgl. Schneider 2001, S. 438). Für den Vorschulbereich hat es sich dabei in Aspekten als nützlich herausgestellt, Kinder in eben diesen Bereichen im Rahmen metalinguistischer Übungen und Spiele angemessen zu fördern oder zu trainieren: »Zum einen hat sich gezeigt, dass Unterschiede zwischen Vorschulkindern im Bereich der phonologischen Bewusstheit mit Leistungsunterschieden im Lesen und Schreiben am Ende der 1. Klasse in Zusammenhang stehen. Zum anderen wirkt sich eine Förderung der phonologischen Bewusstheit vor oder in den ersten Phasen des Leseunterrichts positiv auf das Lesen- und Schreibenlernen aus.« (Wimmer/Landerl 2001, S. 444) Aus Untersuchungen zur phonologischen Bewusstheit bei Kindern des Vorschulbereichs ist bekannt, so Schneider (2001, S. 436), dass sie zwar in der Lage sind, größere sprachliche Einheiten wie Silben oder Wörter phonologisch zu differenzieren und Reime zu identifizieren, jedoch Probleme dabei haben, Laute in Silben oder subsyllabischen Einheiten zu unterscheiden. An diese Erkenntnisse gilt es besonders im Bereich der Frühpädagogik anzuknüpfen. Für den Grundschulbereich gelten in den ersten Schulwochen Übungen im Bereich der Buchstaben-Laut-Verknüpfungen als unbedingt notwendig. Nach Schneider (2001, S. 437) lassen sich zwei weitere Förderbereiche im Bereich der phonologischen Informationsverarbeitung ergänzen: Der eine dieser Bereiche betrifft dabei die Förderung im Bereich des phonologischen Gedächtnisses. Beim Lesen, so Schneider (2001, S. 437), würde man beständig auf das eigene innere Lexikon zugreifen und sich »durch die Rekodierung schriftlicher Symbole in lautliche Entsprechungen Zugang zum semantischen Lexikon [...] verschaffen«. Diese Prozesse beschreiben Wimmer und Landerl (2001, S. 444) sehr detailliert: »Man stellt sich dies so vor, dass ein eigenes Gedächtnissystem – ein sog. orthographisches Lexikon für Schriftwörter (bzw. Schriftmorpheme) – existiert und dass die Schriftwörter in diesem Gedächtnissystem nicht als visuelles Abbild, sondern als Abfolge von relativ abstrakten Buchstabenschemata repräsentiert sind. Falls für ein Wort ein derartiger Gedächtniseintrag existiert, dann wird dieser beim Lesen automatisch über die Buchstabenabfolge aktiviert und führt zum gesprochenen Wort und damit zur Syntax und Bedeutung. Man spricht daher von automatischer, direkter Worterkennung, im Unterschied zur relativ langsamen, indirekten Worterkennung über Aussprachegenerierung auf Basis der Buchstabe-Lautbeziehungen. Umgekehrt wird beim Schreiben über die phonologische Wortform der Schrifteintrag aktiviert und leitet so die orthographisch korrekte Schreibung.« Besonders beim Schreiben sei es damit erforderlich, »dass durch die Buchstabenlaute [...] die entsprechenden Segmente in der gespeicherten Sprechwortsilbe aktiviert werden, was wiederum die Erkennung der Übereinstimmung zwischen den Buchstabenlauten und den Lauten in den Sprechwortrepräsentationen im Gedächtnis voraussetzt« (Wimmer/Landerl 2001, S. 443). Die Probleme werden besonders bei aufeinander folgenden Konsonanten mannigfaltiger. Hier müssen Buchstaben zumeist als Einheiten artikuliert werden, die Strategie des Zusammenlautens ist hierbei in der Regel wenig erfolgreich. Erforderlich sind so genannte Merkregeln, die im phonologischen Gedächtnis abgespeichert sind. Als besondere Defizite von Kindern mit Lese-Rechtschreib-Schwächen haben sich sodann auch in Untersuchungen Schwierigkeiten bei der Wortfindung sowie im phonologischen Arbeitsgedächtnis gezeigt (vgl. Wimmer/ Landerl 2001, S. 445). Erklärungen für verlangsamtes Wortlesen und Rechtschreibfehler werden damit zusammenfassend auf Schwächen bei der Gedächtnisspeicherung zurückgeführt. Als Ursache wird hierfür nach Ehri (1992) angenommen, dass das multiple Assoziieren zwischen Schriftwort und Sprechwort nicht gelingt, das aber erforderlich ist, um das Schriftwort im Gedächtnis zu aktivieren: »Mit diesem Assoziieren ist gemeint, dass beim erfolgreichen lautierenden Lesen eines Schriftwortes Buchstaben bzw. Buchstabencluster [...] mit den entsprechenden Phonemen im gesprochenen Wort assoziiert sind und dass zusätzlich größere Buchstabengruppierungen mit größeren phonologischen Segmenten im Sprechwort assoziiert werden.« (Wimmer/Landerl 2001, S. 445) Der andere dieser Bereiche betrifft die Geschwindigkeit im Zugang zum semantischen Gedächtnis bei Leselernprozessen. Besonders lese- und rechtschreibschwache Kinder zeigen Schwierigkeiten beim phonetischen Rekodieren im Arbeitsgedächtnis und sind verlangsamt in Bezug auf die Benennungsschnelligkeit lautierend gelesener Worte (vgl. Wimmer/Landerl 2001, S. 445): Das Zusammenziehen von Lauten beim Wortlesen stellt für solche Kinder besondere Probleme dar, da so gut wie alle verfügbaren kognitiven Ressourcen darauf verwendet werden. Wenn solche Prozesse erster Instanz oder Arbeitsgedächtnisprozesse zu lange andauern, kann es sein, dass die zuerst erlesenen Laute eines Wortes von Kindern in Vergessenheit geraten (vgl. Schneider 2001, S. 437). Für Lese- und Schreiblehrgänge gilt gegenwärtig, dass – aufgrund kontroverser Forschungsergebnisse – eine Kombination der ganzheitlichen und der analytisch-synthetischen Methode als am effektivsten angenommen werden muss (vgl. Schneider 2001 440). Bei der ganzheitlichen Methode wird dabei das Lesen und Schreiben ganzer Wörter im Anfangsunterricht geübt. Die synthetisch-analytische Methode ist hingegen dadurch gekennzeichnet, dass Graphem-Phonem-Korrespondenzen erlernt werden, d.h., Kinder lernen lautierend das Lesen und Schreiben. Gegenwärtig ist zu vermuten, dass besonders im Anfangsunterricht von relativ heterogenen Kindergruppen auszugehen ist, die es im Unterrichtsfach Deutsch zu unterrichten gilt. Schulanfängerinnen und -anfänger scheinen sich insbesondere auf dem Hintergrund ihrer verschiedenen vorschulischen Bildungsbiografien und Unterstützungsformen in Elternhaus und Familie in Hinblick auf lese- und rechtschreibrelevante Vorkenntnisse und Kompetenzen deutlich voneinander zu unterscheiden. Schwierig scheint dabei die Integration von Kindern mit Migrationshintergrund im Deutschunterricht zu sein, da sie manchmal nicht über elementare Voraussetzungen in der deutschen Sprache verfügen.

Unerlässlich ist spätestens zu Schulbeginn der geeignete Einsatz diagnostischer Instrumente bei den Kindern, auf die Förderangebote abgestimmt werden sollen, zum Beispiel bei Kindern, bei denen Lese-Rechtschreib-Schwächen und damit verbunden sprachlich-phonologische Beeinträchtigungen nahe liegend sind. Bei der Diagnose ist dabei im Rahmen von Lese- und Schreibtests insbesondere auf die Lautsynthese beim Lesen sowie auf die lautorientierte Schreibung zu achten. Bei solchen Tests kann das Lesen von Pseudowörtern Auskunft darüber geben, ob Kinder in der Lage sind, neue Wörter zu lesen. Viele Wörter, die in Schulleistungstests zur Erfassung von Lesefertigkeiten enthalten sind, sind Kindern aus Lesefibeln oder Lesebüchern bekannt, sodass sie keine Herausforderungen für sie darstellen, also womöglich nicht das getestet wird, was getestet werden sollte (vgl. Wimmer/Landerl 2001, S. 447). In Bezug auf die Auswahl geeigneter Förderprogramme gilt es, Folgendes zu beachten: »Das Förderangebot für Kinder [...] reicht von blau getönten Augengläsern bis zur Psychotherapie und gleicht einem Markt ohne jeglichen Konsumentenschutz.« (Wimmer/Landerl 2001, S. 447) Wichtig sei es, eine Förderung im Bereich des Lesens und Schreibens eng an den zu erwerbenden Kompetenzen auszurichten. Wie aus der Lehr- und Lernforschung im

Allgemeinen bekannt ist, helfen eher gröber angelegte Förderangebote im Bereich des Problemlösens, Denkens oder beispielsweise
des visuellen Diskriminierens nur bedingt beim Aufbau bereichsspezifischer Kompetenzen, so auch im Unterrichtsfach Deutsch.

Mathematik

Das Erlernen von Mathematik gehört zu den wichtigen Kultur-
techniken und zu den notwendigen Qualifikationen unserer Gesellschaft. Im Folgenden geben wir unter kompetenzorientiertem Aspekt einen Überblick über zentral zu vermittelnde Inhalte und Anforderungen des Mathematikunterrichts auf der Primarstufe. Im
Anschluss daran skizzieren wir Ideen für den mathematischen Anfangsunterricht im ersten Schuljahr.

Was sollen Kinder am Ende ihrer Grundschulzeit in Mathematik wissen und können? Blickt man in die in 2004 von der Kultusministerkonferenz (KMK 2004b) erlassenen Bildungsstandards für
den Lernbereich Mathematik, so werden dort Standards für inhalts-
und anforderungsbezogene mathematische Kompetenzen formuliert. In Abgrenzung zu der bisherigen Dreiteilung des Unterrichts-
faches Mathematik in die Themenfelder Arithmetik, Geometrie
sowie Sachrechnen und Größen, wird dabei unter inhaltlichem Aspekt erwartet, dass Kinder am Ende ihrer Grundschulzeit über
Kenntnisse und ein gesichertes Verständnis in den Bereichen Zahlen und Operationen, Raum und Form, Muster und Strukturen,
Größen und Messen sowie Daten, Häufigkeit und Wahrscheinlichkeit verfügen. Neben Kenntnissen, die Kinder fachspezifisch im
Laufe ihrer Grundschulzeit in Mathematik erworben haben sollten,
verfügen sie unter anforderungsbezogenem Aspekt über allgemeine
mathematische Kompetenzen in den Bereichen Argumentieren,
Darstellen von Mathematik, Kommunizieren, Modellieren und
Problemlösen. Die Bandbreite der Kenntnisse, Fähigkeiten und Fertigkeiten, über die Kinder am Ende des vierten Schuljahres verfügen sollten, ist weit angelegt. Wie aber kann es gelingen, Kinder
hierauf vorzubereiten, sodass sie über die Kenntnisse, Fähigkeiten
und Fertigkeiten verfügen, die durch die Standards gefordert wer-

den? Im Folgenden geben wir einen Überblick über inhaltliche, anforderungsbezogene und kontextuelle Aspekte des Mathematikunterrichts in der Primarstufe.

Mathematische Inhalte im Grundschulunterricht

In neueren mathematikdidaktischen Konzepten für den Unterricht in der Primarstufe stehen insgesamt fünf verschiedene Inhaltsbereiche im Vordergrund einer grundlegenden mathematischen Bildung. Diese sind Arithmetik, Algebra, Geometrie, Größen sowie Umgang mit Daten und Wahrscheinlichkeit. Neuere inhaltliche Rahmenkonzeptionen gehen in ihren ursprünglichen Ideen auf mathematikdidaktische Standards zurück, die ungefähr seit Mitte der 1980er-Jahre diskutiert werden, und durch einen amerikanischen Verbund von Lehrerinnen und Lehrern sowie Wissenschaftlerinnen und Wissenschaftler, dem *National Council of Teachers of Mathematics* (NCTM 2000), initiiert und über die Jahre hinweg entwickelt wurden.

Arithmetik

Unter Arithmetik, d.h. Zahlen und Operationen, werden gemäß dem Konzept des NCTM (2000) all diejenigen Inhalte gefasst, die Zahlvorstellungen, sicheres Rechnen sowie verständiges, flexibles Rechnen betreffen. Im Rahmen von IGLU-E erklären Walther u.a. (2003), dass das Inhalts-Begriffsfeld *Arithmetik* sich im Detail unterteilen lasse in den Zahlbegriff, den es im Laufe der ersten vier Grundschuljahre aufzubauen gelte, Zahlenreihen, Rechengesetze, Rechenvorteile, das Zehnersystem, Gesetzmäßigkeiten sowie Muster von Zahlen. Eine besondere Bedeutung hat in diesem Kontext die Einführung in die grundlegenden Rechenoperationen, nämlich die Addition, die Subtraktion, die Multiplikation und die Division und die in der Regel im Laufe des dritten Schuljahres zu thematisierenden schriftlichen Rechenverfahren. Folgt man den von der Kultusministerkonferenz erlassenen Bildungsstandards für das Unterrichtsfach Mathematik, so wird im Detail gefordert, dass Kinder am Ende der vierten Klassenstufe Zahldarstellungen und Zahlbeziehungen im Zahlenraum bis eine Million sicher beherrschen sollten. Hierzu gehören die Kenntnis des Aufbaus des dezimalen Stellenwertsystems und eine sichere Orientierung im Zahlenraum bis eine Million. Kinder sollten Zahlen in diesem Bereich ordnen und runden können. Daneben ist es ein zentrales Ziel des Mathematikunterrichts auf der Primarstufe, dass Kinder Rechenoperationen verstehen und anwenden können. Insbesondere sollten sie die Grundrechenarten und vor allen Dingen ihre Zusammenhänge verstehen. In diesem Kontext spielt die Beherrschung von Grundaufgaben (Einspluseins, Einmaleins, Zahlzerlegungen) keine unbedeutende Rolle. Kinder sollten – dies ist wünschenswert – Grundaufgaben »gedächtnismäßig beherrschen, deren Umkehrungen sicher ableiten und diese Grundkenntnisse auf analoge Aufgaben in größeren Zahlenräumen übertragen« (KMK 2004b, S. 11f.). Im Bereich der Kognitionsforschung gilt als weitgehend gesichert, dass die Verfügbarkeit automatisierten Wissens eine hervorragende Voraussetzung für Verstehensprozesse ist. In der Regel werden für eben diese freie Kapazitäten gebraucht (Stern 2003, S. 35). Im Arithmetikunterricht auf der Primarstufe gilt es ferner, verschiedene Rechenstrategien und -wege mit Kindern zu thematisieren. Von besonderer Bedeutung beim Lösen von Mathematikaufgaben ist es für Kinder – besonders dann, wenn verschiedene Rechenschritte bei einer Problemstellung aufeinander aufbauen –, Rechenfehler selbst finden und korrigieren zu können. Dazu sollte die Lehrkraft auf geeignete Prüfoperationen hinweisen.

Algebra

Algebra zielt auf das Verständnis von Mustern, Relationen und Funktionen, auf das Analysieren mathematischer Situationen und Strukturen anhand algebraischer Systeme sowie das mathematische Modellieren, um quantitative Beziehungen darstellen oder Veränderungen wahrnehmen zu können. Bei algebraischen Aufgabenstellungen, die bislang eher untypisch für den Grundschulmathematikunterricht waren, sollen Schülerinnen und Schüler, so die Kultusministerkonferenz (2004b, S. 13), Gesetzmäßigkeiten in geometrischen und arithmetischen Mustern erkennen, beschreiben und fortsetzen oder selbst entwickeln können. In diesem Kontext sind beispielsweise Mathematikaufgaben klassisch, bei denen angedeutete Muster entweder sukzessive durch weitere Zeichnungen fortgesetzt oder durch Vorstellungsbilder weiterentwickelt werden. Typisch sind auch Aufgabenstellungen, bei denen Zahlenfolgen oder strukturierte Aufgabenfolgen ergänzt und fortgesetzt werden müssen. Es wird weiterhin erwartet, dass Kinder am Ende des vierten Schuljahres in der Regel funktionale Beziehungen in Sachsituationen und Tabellen erkennen und einfache Sachaufgaben zur Proportionalität lösen. So gilt es beispielsweise bei solchen Aufgaben, Preise in Beziehung zu einer Kaufmenge zu setzen oder vorgegebene Sachsituationen in Form passender Gleichungen zu mathematisieren.

Geometrie

Unter Geometrie wird zum einen die Förderung räumlicher Fähigkeiten gefasst, zum anderen das Herstellen und Analysieren von Grundformen sowie geometrischen Operationen. Laut den von der Kultusministerkonferenz veröffentlichten Bildungsstandards (KMK 2004b) sollen sich Kinder am Ende ihrer Grundschulzeit im Raum orientieren können, d.h. räumliches Vorstellungsvermögen entwickelt haben. Sie sollen geometrische Figuren sowie einfache Abbildungen erkennen, benennen und darstellen können. Es sollte ihnen darüber hinaus gelingen, Flächen und Rauminhalte zu vergleichen und zu messen. Als fundamentale Ideen werden des Weiteren in verschiedenen, zum Teil aktuellen Lehrbüchern für den Geometrieunterricht auf der Primarstufe (vgl. Franke 2000; Radatz/Rickmeyer 1991), folgende inhaltliche Aspekte herausgestellt: ebene Figuren und Formen, geometrische Begriffe, Gesetzmäßigkeiten und Operationen wie Abbildungen und Verschiebungen. Im Rahmen der Bildungsstandards für das Unterrichtsfach Mathematik ist beispielsweise gefordert, »Körper und ebene Figuren [zu] sortieren und Fachbegriffe zu[zu]ordnen« und »Modelle von Körpern und ebene Figuren her[zu]stellen und [zu] untersuchen« durch »Bauen, Legen, Zerlegen, Zusammenfügen, Ausschneiden, Falten« (KMK 2004b, S. 12f.). Kindern sollte es darüber hinaus gelingen, mit geometrischen Abbildungen so umzugehen, dass sie geometrische Figuren in Gitternetzen abbilden, Eigenschaften der Achsensymmetrie nutzen und symmetrische Muster fortsetzen oder eigenständig anfertigen können. Geometrische Größen gelten daneben als ein spezieller Inhaltsbereich. Hierunter werden Fertigkeiten wie beispielsweise das Messen und Vergleichen von Strecken, Flächen oder Körpern verstanden.

Größen

Das Themenfeld Größen behandelt die relevanten Größenbereiche, nämlich Geld, Zeit, Länge, Gewicht, Rauminhalt, Flächeninhalt und Geschwindigkeit, sowie deren Standardeinheiten und Beziehungen. Messen und Schätzen sind daneben grundlegende Fähigkeiten, die es zu fördern gilt. In Sachsituationen sollen Kinder dabei »mit geeigneten Einheiten und unterschiedlichen Messgeräten sachgerecht messen« (KMK 2004b, S. 14). Hierzu gehört, so die Kultusministerkonferenz (2004b, S. 14), Repräsentationen für Standardeinheiten zu kennen, Größenangaben in unterschiedlichen Schreibweisen darzustellen und einfache Bruchzahlen im Zusammenhang mit Größen zu verstehen. Als eine besondere Kompetenz gilt, »in Sachsituationen angemessen mit Näherungswerten zu rechnen« und dabei »Größen begründet [zu] schätzen« (KMK 2004b, S. 14).

Umgang mit Daten und Wahrscheinlichkeit

Für den Inhaltsbereich »Daten und Häufigkeit« ist es die Aufgabe der Grundschule, Kinder zu befähigen, Daten durch Beobachtungen oder eigene kleinere Experimente zu erfassen und in geeigneten Darstellungen wie Tabellen oder Diagrammen zu veranschaulichen. Aus Tabellen, Schaubildern und/oder Diagrammen sollen Kinder in einer geeigneten Weise Informationen entnehmen. Im Lernfeld Wahrscheinlichkeit werden von Schülerinnen und Schülern Ergebnisse in Zufallsexperimenten verglichen (vgl. KMK 2004b, S. 14). Besonderes Augenmerk wird bei diesem Inhaltsgebiet auf zu fördernde Kompetenzen gelegt. Als Ziele, die auf allen Schulstufen zu realisieren sind, formuliert der NCTM in seiner zuletzt vorgelegten Schrift aus dem Jahr 2000, dass Schülerinnen und Schüler lernen sollten, (a) Fragen zu formulieren, die durch das Sammeln, Organisieren und Aufbereiten relevanter Datenmaterialien beantwortet werden können, (b) angemessene statistische Verfahren auszuwählen und zu nutzen, um Datenmaterialien analysieren zu können, (c) Schlussfolgerungen und Vorhersagen auf der Grundlage von Datenmaterialien zu entwickeln und zu evaluieren und (d) Grundgedanken und Basiskonzepte fachwissenschaftlicher Inhalte aus dem Bereich Stochastik zu verstehen und anzuwenden.

Anforderungsbereiche im Mathematikunterricht

Besonders nach der Veröffentlichung intranational und international vergleichender Schulleistungsstudien wird einheitlich davon ausgegangen, dass Mathematikaufgaben, die größtenteils den Kern des Mathematikunterrichts ausmachen, in unterschiedlichen Komplexitätsstufen verschiedenen Anforderungsniveaus entsprechen sollten. Von der Kultusministerkonferenz (KMK 2004b, S. 10) wurden diese Überlegungen bei der Formulierung der Bildungsstandards aufgenommen: Als allgemeine Kompetenzen, über die Schülerinnen und Schüler am Ende der vierten Klassenstufe verfügen sollten, werden Argumentieren, Darstellen von Mathematik, Kommunizieren, Modellieren und Problemlösen genannt. Die im amerikanischen Raum veröffentlichen *Principles and Standards for School Mathematics* aus dem Jahr 2000 sehen ähnliche Kompetenzbereiche vor, die es auf allen Schulstufen anzubahnen und zu entwickeln gilt (NCTM 2000; vgl. auch Hellmich 2005). Beim Kompetenzkomplex »Argumentieren« ist dabei gemeint, dass Kinder am Ende ihrer Grundschulzeit Begründungen für mathematische Sachverhalte anführen können sollten. Sie sollten in der Lage sein, mathematische Aussagen zu hinterfragen und in Hinblick auf ihre Richtigkeit zu überprüfen. Sie sollten darüber hinaus mathematische Zusammenhänge erklären und deuten und auf dieser Basis – im Sinne von Qualifikationen im Bereich des wissenschaftlichen Denkens – Vermutungen über mathematische Sachverhalte verbalisieren und beschreiben können. Unter dem Kompetenzbereich »Darstellen von Mathematik« wird subsumiert, dass es Kindern gelingen sollte, für das Lösen mathematischer Probleme geeignete Darstellungen zu entwickeln, auszuwählen und zu nutzen, Darstellungen in andere Formen zu übertragen und sie miteinander vergleichen und bewerten zu können (vgl. KMK 2004b, S. 10). Qualifikationen im Bereich des Kommunizierens über Mathematik stellen einen weiteren Kompetenzbereich dar. Kinder sollen »eigene Vorgehensweisen beschreiben, Lösungswege anderer verstehen, gemeinsam darüber reflektieren« sowie »Aufgaben gemeinsam bearbeiten« (KMK 2004b, S. 10) können. Der Kompetenzbereich »Modellieren« betrifft insbesondere das didaktisch-methodische Element der Sachaufgaben im Mathematikunterricht: Kindern sollte es spätestens am Ende der vierten Klassenstufe gelingen, »Sachtexten und anderen Darstellungen der Lebenswirklichkeit die relevanten Informationen entnehmen«, »Sachprobleme in die Sprache der Mathematik übersetzen, innermathematisch lösen und diese Lösungen auf die Ausgangssituation beziehen« zu können (KMK 2004b, S. 10). Als ein übergeordnetes Unterrichtsziel im Mathematikunterricht gilt es, Kinder dazu zu befähigen, am Ende der vierten Klassenstufe »Problemlösen« zu können, d.h. Strategien zur Bearbeitung von mathematischen Aufgabenstellungen parat zu haben und sie flexibel einsetzen zu können. Die von der Kultusministerkonferenz bei den Bildungsstandards vorgeschlagenen Kompetenzbereiche unter anforderungsbezogenem Aspekt stellen unseres Erachtens den derzeitigen Erkenntnisstand bezüglich einer grundlegenden Bildung in Mathematik dar und sind im Sinne von Leitideen für das Lehren und Lernen von Mathematik auf der Primarstufe zu verstehen.

Kontextuelle Aspekte beim Lehren und Lernen von Mathematik

Auf dem Hintergrund neuerer Überlegungen in Hinblick auf eine grundlegende Bildung im Mathematikunterricht rücken kontextuelle Aspekte des Mathematiklehrens und -lernens ins Zentrum des Interesses. Um im Mathematikunterricht nicht bloß träges Wissen zu produzieren, wird in der Literatur häufig gefordert, Kindern müssten authentische oder auf die Realität bezogene Problemstellungen zur Bearbeitung angeboten werden. So betrachten beispielsweise Walther u.a. (2003, S. 190) in Anlehnung an den Mathematikdidaktiker Winter (1995) die Forderung, »Erscheinungen der Welt um uns, die uns alle angehen oder angehen sollten, aus Natur, Gesellschaft und Kultur, in einer spezifischen Art wahrzunehmen und zu verstehen«, als eine zentrale Grunderfahrung im Rahmen des Grundschulmathematikunterrichts. Auch das niederländische Konzept *Realistic Mathematics Education* (RME) zeichnet sich durch eben solche Merkmale aus: *Real-Life*-Kontexte dienen im Grundschulunterricht als Ausgangspunkte für mathematische Lehr- und Lernprozesse. Dabei sollten verschiedene Abstraktionslevel bei mathematischen Aufgabenstellungen – mit den Extrempolen *abstract* versus *real* – vorhanden sein. Dekker, Querelle und van den Boer (2000) unterscheiden verschiedene *degress of reality*. Dabei sind vier verschiedene Abstufungen vorhanden: Unter den *zero-order-contexts* werden Aufgaben- oder Problemstellungen subsumiert, die entweder einen mathematischen Kontext aufweisen oder sozusagen in eine Sachsituation eingekleidet, d.h. bis zu einem gewissen Grad irrelevant, eingebettet sind. Bei Aufgaben der Kategorien *first order* und *second order contexts* sind Kontexte bezüglich der Aufgabenstellungen in verschiedenen Abstufungen sowohl notwendig als auch relevant, um Bewertungen der gewonnenen Ergebnisse auf dem Hintergrund einer vorgegebenen Sachsituation leisten zu können. Häufig handelt es sich dabei um Kontexte, die zwar in einer gewissen Weise an die Realität anknüpfen, jedoch auf Realitätsausschnitte begrenzt und simplifiziert sind. Viele authentische, d.h. echte Problemstellungen seien, so Dekker u.a. (2000), häufig in ihrer Komplexität für die Unterrichtspraxis ungeeignet.

Third order contexts stellen schließlich authentische Sachsituationen dar, sie entstammen in der Regel dem Alltag und der Lebenswelt der Kinder.

Anfangsunterricht in Mathematik

Über das Lehren und Lernen von Kindern im mathematischen Anfangsunterricht ist bislang nur wenig bekannt: Obschon verschiedene konzeptionelle Ideen und Überlegungen, wie der Anfangsunterricht in Mathematik gestaltet werden kann, publiziert und auf diese Weise tradiert sind (vgl. für einen Überblick z.B. Carpenter/Fennema/Franke/Levi/Empson 1999, Hasemann 2003), mangelt es – nicht nur im deutschsprachigen Raum – an empirischen Studien unter Hypothesen testendem Aspekt. Demgegenüber liegen gerade aus den letzten Jahren viele als qualitativ zu bezeichnende und damit Hypothesen generierende Untersuchungen vor, wie Kinder Kompetenzen im Unterrichtsfach Mathematik erwerben, welche Strategien sie zur Bearbeitung von mathematischen Problemstellungen nutzen oder welche – als typisch zu bezeichnenden Fehler – sie bei spezifischen Aufgabentypen begehen. Die vorliegenden Untersuchungsergebnisse ermöglichen gerade Praktikerinnen und Praktikern, sich durch Vergegenwärtigung der Befunde für Rechenstrategien oder Fehlertypen zu sensibilisieren.

In vielen konzeptionellen Überlegungen wird ausgeführt, dass man im mathematischen Anfangsunterricht in besonderem Maße das Vorwissen der Kinder berücksichtigen müsse. Aus der Lehr- und Lernforschung wissen wir, dass Kinder zu Beginn ihrer Schulzeit unterschiedliche Vorkenntnisse in Mathematik, besonders in den Themenfeldern Arithmetik und Geometrie zeigen (vgl. Hasemann 2001, Schmidt 2003): Einige Kinder sind bereits zu Schulbeginn in der Lage, die Zahlwortreihe bis einhundert aufzusagen, andere zählen unter Zuhilfenahme ihrer Finger bis zehn. Ein Großteil der Kinder hat den Kardinalzahlaspekt implizit verstanden; sie können einzelnen Ziffern jeweils eine entsprechende Anzahl von Legeplättchen oder spezifischen Gegenständen zuordnen. Viele Kinder können bereits im Zahlenraum bis zwanzig flexibel rechnen, anderen gelingt dies nur, indem sie rudimentäre Zählstrategien anwenden, die nicht unbedingt zu den richtigen Ergebnissen führen. Im Themenfeld Geometrie gelingt es einigen Kindern, geometrische Formen adäquat verbal zu bestimmen und sie ggf. sogar hinsichtlich ihrer Eigenschaften zu beschreiben. Die Fähigkeiten, Fertigkeiten und das Vorwissen in Mathematik differieren bei den Kindern zu Schulbeginn. Zurückzuführen ist dies vermutlich auf Anregungen und Unterstützungsverfahren, die Erzieherinnen und Erzieher oder Eltern und Großeltern leisten. Lehrerinnen und Lehrer müssen im mathematischen Anfangsunterricht an die Heterogenität der unterschiedlichen Vorerfahrungen der Schulanfängerinnen und -anfänger anknüpfen. Wirft man einen Blick in mathematikdidaktische Konzepte der letzten Jahre, so wird deutlich, dass sowohl aus fachdidaktischer als auch aus fachwissenschaftlicher Perspektive gefordert wird – und hierin besteht allgemein Konsens –, den mathematischen Anfangsunterricht derart zu gestalten, dass alle mathematischen Inhaltsbereiche von Anfang an kontinuierlich behandelt werden.

Für das Themenfeld *Arithmetik*, für das auch im deutschsprachigen Raum viele verschiedene Konzeptionen für den Anfangsunterricht vorhanden sind (vgl. z.B. Padberg 2005), nennt der NCTM (2000) verschiedene Wissens- und Fähigkeitsbereiche, die es kontinuierlich aufzubauen gilt. Diese umfassen das Verständnis von Zahlen, d.h. das Repräsentieren von Zahlen, Zahlbeziehungen und Zahlsystemen. In der deutschsprachigen mathematikdidaktischen Diskussion werden von einigen Vertreterinnen und Vertretern unter konzeptionellem Aspekt Überlegungen angestellt, wie Zahlwortreihen bei Kindern aufgebaut werden sollten: Während einige der an der Diskussion Beteiligten eine kontinuierliche, schrittartige Entwicklung der Zahlwortreihe in Fünfer- bzw. Zehnerschritten vorschlagen, plädieren andere bei der Einführung der ersten Zahlen für Zäsuren nach den Zahlen sechs und zwölf, um auf diese Weise die so genannten »künstlichen Grenzen« beim Rechnen mit Zehnerübergang von vornherein auszuschalten. Zu den weiteren Aufgaben im mathematischen Anfangsunterricht gehört die Einführung in das so genannte »Rechnen«, d.h. die Operationen Addition und Subtraktion, die es besonders in den ersten beiden Schuljahren zu behandeln gilt. Kinder sollen beide Operationen verstanden und vor allen Dingen in Hinblick auf ihre Zusammenhänge elaboriert haben. Als Vorbereitungen für Additionen und Subtraktionen im Anfangsunterricht werden in verschiedenen konzeptionellen Handreichungen vor allen Dingen intuitive Grundlagen wie die der konkreten Handlungen propagiert: In gewissem Sinne, so Hasemann (2003), »besteht eine Beziehung zwischen der Addition von Zahlen und der Handlung des Hinzufügens (Zusammenfügens) von Objekten sowie zwischen der Subtraktion von Zahlen und der Handlung des Wegnehmens (Entfernens) von Objekten«. Des Weiteren wird in der Regel von Beginn des Mathematikunterrichts im ersten Schuljahr an darauf fokussiert, verschiedene Rechenwege mit Kindern zu erarbeiten und zu besprechen, um das flexible Operieren zu fördern. Das Multiplizieren und Dividieren wird nahezu zeitgleich im dritten Schuljahr eingeführt, um – ähnlich wie bei der Addition und der Subtraktion – Zusammenhänge dieser Operationen von vornherein zu verdeutlichen. Als typisch für den mathematischen Anfangsunterricht im Bereich Arithmetik gelten dabei Lehr- und Lernmaterialien wie Wendeplättchen, Rechenketten oder Steckwürfel, die das Erlernen der Zahlwortreihe und das Rechnen in den ersten Wochen und Monaten stützen sollen. In verschiedenen Mathematikbüchern werden zum Teil unterschiedliche Materialien favorisiert. Als eine »goldene Regel« für den mathematischen Anfangsunterricht gilt, den Kompetenzerwerb in Mathematik nicht mit allzu vielen verschiedenen Materialien einzuleiten. Es sollten hierfür höchstens zwei verschiedene Materialien gewählt werden, auf die im Laufe des fortschreitenden Mathematikunterrichts immer wieder zurückgegriffen werden kann. Es wird dabei vermutet, dass besonders leistungsschwächere Kinder durch einen immanenten Wechsel der Lehr- und Lernmaterialien bei ihrem Kompetenzerwerb beeinträchtigt werden. Für leistungsstärkere Kinder könnte ein fortwährender Austausch von Materialien hingegen förderlich sein, da dies vermutlich Lehr- und Lernprozesse flexibilisiert.

Im Themenfeld *Algebra* gilt es, Schülerinnen und Schüler im mathematischen Anfangsunterricht darauf vorzubereiten, dass sie Muster, Relationen und Funktionen auf einer elementaren Ebene nachvollziehen und verstehen können. Algebraische Inhalte sind dabei in einem hohen Maße verknüpft mit arithmetischen und geometrischen Inhalten. Typische Aufgaben, die Kinder im Mathematikunterricht des ersten Schuljahres bearbeiten, sind das Fortsetzen von Bandornamenten, Mustern oder geometrischen Formen, die in einer spezifischen Reihenfolge aneinander gereiht sind. Des Weiteren sollen Schülerinnen und Schüler des ersten und zweiten Schuljahres – unter arithmetischem Aspekt – mathematische Situationen und Strukturen in Form von Zahlen ausdrücken, repräsentieren und auf der Grundlage ihrer Notizen analysieren können (vgl. NCTM 2000). Kindern könnten beispielsweise Situationen vorgegeben werden, bei denen sie quantitative Beziehungen darstellen oder Veränderungen wahrnehmen müssen. Zum Beispiel könnten sie grafisch oder tabellarisch veranschaulichen, wie die Kosten für Luftballons in Abhängigkeit von der Anzahl, die in einem Spielwarenladen gekauft werden könnten, steigen.

In das Themenfeld *Geometrie* wird im Rahmen des mathematischen Anfangsunterrichts in der Regel eingeleitet, indem zunächst zweidimensionale Figuren, später dann dreidimensionale Körper in Hinblick auf ihre Eigenschaften, Gemeinsamkeiten und Unterschiede thematisiert werden. Daneben werden Begriffe wie Symmetrie und Parallelität erarbeitet. In der Regel werden geometrische Begriffe – dies belegen zahlreiche Handreichungen zum Geometrieunterricht auf der Primarstufe (vgl. z.B. Franke 2000, Radatz/Rickmeyer 1991) – durch konkrete Operationen anhand geometrischer Formen, Figuren oder Objekte erarbeitet. Häufig wird der Symmetriebegriff zum Beispiel eingeführt, indem so genannte Schmetterlingsbilder angefertigt werden. Sie entstehen, indem auf der linken Seite eines Papiers zwei Punkte mit Wassermalfarben gekleckst werden, die auf der Hälfte des Papiers durch einen Strich, der gemalt wird, verbunden sind. Das Papier wird auf der Hälfte gefaltet und beide Papierseiten werden eng aneinander gedrückt. Das Papier wird schließlich wieder aufgeklappt. Lagebeziehungen gelten darüber hinaus als ein wesentlicher Aspekt des Geometrieunterrichts, um räumliche Beziehungen visualisieren und beschreiben zu können. Sie werden in der Regel bereits im ersten Schuljahr aufgebaut. Vorkenntnisse von Schulanfängerinnen und -anfängern in Geometrie wurden bislang kaum untersucht. Das Hauptaugenmerk im Bereich der mathematikdidaktischen Unterrichtsforschung liegt nach wie vor im Bereich Grundschule auf arithmetischen Fähigkeiten. Eine Ausnahme stellt eine Studie von Grassmann (1996) dar, bei der insgesamt knapp sechshundert Schulanfängerinnen und -anfänger verschiedene Aufgabenstellungen aus dem Bereich Geometrie vorgelegt wurden. Die eingesetzten Aufgaben thematisieren das Vergleichen von Längen, die Zuordnung von Begriffen zu verschiedenen abgebildeten Figuren, das Vergleichen von Volumina sowie das Erkennen und Benennen von Lage- und Raumbeziehungen. Die Ergebnisse verdeutlichen zusammenfassend, dass Kinder zu Schulbeginn insgesamt relativ sicher mit geometrischen Inhalten umgehen. Probleme bereiten ihnen jedoch besonders Aufgabenstellungen, die begriffliche Fähigkeiten sowie die Identifikation von Eigenschaften verschiedener Figuren verlangen.

Ein weiteres Inhaltsgebiet, in das im Rahmen des mathematischen Anfangsunterrichts eingeleitet werden sollte, ist der Umgang und das Rechnen mit *Größen*. In diesem Themenfeld werden zunächst Grundkenntnisse in den relevanten Größenbereichen (Geld, Zeit, Länge, Gewicht, Rauminhalt, Flächeninhalt, Geschwindigkeit) sowie erste Kenntnisse von Einheiten und Beziehungen gefasst. Messen und Schätzen sind dabei grundlegende Fähigkeiten, die es bereits im ersten und zweiten Grundschuljahr anzubahnen gilt. In der Regel werden Größen im mathematischen Anfangsunterricht eingeführt, indem an das Vorwissen der Schulanfängerinnen und Schulanfänger angeknüpft wird: Häufig sind Kindern Geldbeträge aufgrund von Erfahrungen beim Einkaufen bekannt. Sie sind in der Lage, bei verschiedenen Stäben direkt zu vergleichen, ob sie gleich lang sind oder nicht. Zeitspannen kennen sie intuitiv durch das Warten an Bushaltestellen (vgl. Hasemann 2003, S. 162f.). Als ein im Bereich der Mathematikdidaktik tradiertes und der Unterrichtspraxis zugrunde gelegtes Konzept einer didaktischen Stufenfolge zur Einführung von Größen, gilt ein Modell von Radatz und Schipper (1983), das in Bezug auf die ersten Schritte schon im mathematischen Anfangsunterricht realisiert wird: Die erste Stufe dieses Modells ist dadurch gekennzeichnet, dass erste Erfahrungen zu der jeweiligen zu thematisierenden Größe in Sach- oder Spielsituationen behandelt werden. Auf diese Weise wird direkt an die Erfah rungswelt und das Vorwissen der Kinder angeknüpft. Die Stufenfolge geht dann über zu einem direkten Vergleich von Repräsentanten der jeweiligen Größe. In einem nächsten Schritt wird ein indirekter Vergleich mit Hilfe willkürlicher Maßeinheiten vorgenommen. So werden beispielsweise die Länge und Breite eines Raumes durch Schrittfolgen informell gemessen, die Menge einer Flüssigkeit in einem Behälter dadurch berechnet, dass sie mit Hilfe von kleinen Trinkbechern in einen ebenbürtigen Behälter geschöpft wird. Auf einer darauf folgenden Stufe wird die Invarianz der jeweiligen Größe thematisiert: Die Anzahl von zehn Eineurostücken ändert sich nicht, wenn man sie statt gradlinig aneinander gereiht aufeinander stapelt. Auf der nachfolgenden Stufe werden indirekte Vergleiche mit Hilfe standardisierter Maßeinheiten vorgenommen. So werden beispielsweise Tischplatten nun anhand von 1-Meter-Stäben vermessen. In einem letzten Schritt werden dann Vorstellungen von Größeneinheiten entwickelt. Es wird mit technischen Hilfsmitteln gemessen, Maßeinheiten werden verfeinert und vergröbert, schließlich wird mit Größen gerechnet.

Im Themenfeld *Umgang mit Daten* sollen Schülerinnen und Schüler dazu angehalten werden, Fragen zu entwickeln und Daten in ihrer Umgebung zu sammeln, sie in Form von konkreten Objekten, Bildern und grafischen Darstellungen aufzubereiten und erste informelle Zugänge beim Sortieren und Organisieren von Daten zu erfahren. Besonderes Augenmerk wird beim Lehren und Lernen auf informelle Besprechungen von Eigenproduktionen der Kinder gelegt. Es ist notwendig, zum Beispiel selbst erstellte Balkendiagramme oder Tabellen im Grundschulunterricht zu thematisieren. Generell gilt, Kinder mit einer Fülle von Repräsentationen vertraut zu machen. Zu unterscheiden sind dabei zwei verschiedene Arten von Daten, nämlich kategorische und numerische. Kinder sollen lernen, dass kategorische Daten zum Beispiel dazu verwendet werden, verschiedene Gegenstände nach vorgegebenen Kategorien zu sortieren und zu klassifizieren. Numerische Daten ermöglichen hingegen, Ausprägungen eines Merkmals abzubilden. Erfahrungen im Bereich *Wahrscheinlichkeit* sollen auf diesen frühen Stufen bereits angebahnt werden. So sollen Kinder beispielsweise dazu angehalten werden zu beobachten, wie viele Möglichkeiten der Kombination von Augenzahlen beim Spielen mit zwei Würfeln vorhanden sind. Überlegungen in Hinblick auf eine exakte Kalkulation solcher Wahrscheinlichkeiten werden erst später, d.h. auf höheren Klassenstufen, realisiert. Das zu verwendende Vokabular sollte zunächst auf Umschreibungen wie *sehr wahrscheinlich* und *weniger wahrscheinlich* begrenzt sein.

Sachunterricht

Der *Sachunterricht* ist ein grundschulspezifisches Unterrichtsfach, das auf den weiterführenden Schulstufen in verschiedene Unterrichtsfächer ausdifferenziert wird. Er umfasst unter inhaltsbezogenem Aspekt einzelne Lernbereiche wie Naturwissenschaften, d.h. Biologie, Physik und Chemie und Sozialwissenschaften (Soziologie, Politikwissenschaft), daneben aber auch Geografie, Geschichte, Ökonomie und Technik. Besondere Beachtung hat in letzter Zeit der von der Gesellschaft für Didaktik des Sachunterrichts (GDSU) entwickelte und 2002 veröffentlichte Perspektivrahmen für den Sachunterricht im deutschsprachigen Raum erhalten. Er gibt insbesondere in Hinblick auf praxisorientierte Vorhaben einen Einblick in zu unterrichtende Inhalte und Anforderungen des Sachunterrichts. Im Besonderen betont die GDSU in ihrer Schrift die Anschlussfähigkeit und Grundlagenorientierung der für den Sachunterricht auf der Primarstufe vorgesehenen Unterrichtsinhalte in Hinblick auf das weiterführende Lernen von Kindern auf der Sekundarstufe. Die GDSU führt verschiedene Perspektiven auf und ordnet ihnen Inhalte zu, nämlich die sozial- und kulturwissenschaftliche, die raumbezogene, die naturwissenschaftliche, die technische sowie die historische Perspektive des Sachunterrichts, auf die wir im Folgenden näher eingehen werden.

Sozial- und Kulturwissenschaften

Folgt man den Ausführungen der GDSU, so sollen Kinder in diesem Lernfeld unter sozialem und kulturellem Aspekt lernen, Menschen respektvoll zu begegnen, Kulturen zu verstehen und verantwortlich im öffentlichen wie privaten Leben zu agieren. Dazu ist es notwendig, politisch-soziale Probleme in einer angemessenen Weise zu thematisieren, ökonomische, ökologische und soziale Grundlagen des Zusammenlebens zu besprechen sowie die »Bedeutung von Religionen, Bräuchen, Lebensweisen für die eigene Sinn- und Wertorientierung und die anderer Menschen« (GDSU 2002, S. 10) zu analysieren und zu diskutieren. Der Katalog von Themenbereichen unter sozialem und kulturellem Aspekt wird dabei ergänzt um Kommunikations- und Konfliktstrategien, die Kinder erlernen sollten: So sollen sie zum Beispiel die »Entstehung von Konflikten, aber auch Möglichkeiten zu deren Vermeidung in aktuellen Konfliktfeldern analysieren können und Kompromisse als Handlungsmöglichkeiten erkennen« (GDSU 2002, S. 10). Des Weiteren wird angeführt, dass Kinder konfrontiert werden sollten mit gesellschaftlichen Institutionen und Räumen in Bezug auf Strukturen und Regelungen; sie sollten unter multikulturellem Aspekt erkennen lernen, dass Menschen in verschiedenen Ländern unter gesellschaftlichem, ökonomischem und sozialem Aspekt unter unterschiedlichen Bedingungen leben. Unter anforderungsbezogenem Aspekt gilt es, methodische Kompetenzen bei Schülerinnen und Schülern anzubahnen, die sie zur Teilnahme in der Gesellschaft befähigen. Hierzu gehören das Sammeln von Informationen sowie die Meinungsbildung zu ausgewählten gesellschaftlichen Themen. Als höherwertige Kompetenzen, die auf den eben geschilderten aufbauen, gilt es, das Argumentieren in Bezug auf verschiedene Sachverhalte bei Kindern anzubahnen sowie ein Strategienrepertoire zur Bewältigung schwieriger Probleme zu entwickeln.

Raumwissenschaften

Die raumbezogene Perspektive des Perspektivrahmens bezieht sich auf Erfahrungen räumlicher Gegebenheiten sowie inhaltliche und methodische Angebote der Raumwissenschaften. Zentrale Themen dieses Inhaltsbereiches sind das Erkunden öffentlicher und privater Räume, aus biologischer Perspektive das Erforschen von Ökosystemen sowie aus wirtschaftsökonomischer Sicht der räumliche Austausch von Rohstoffen und Produkten durch Handelsbeziehungen. In diesem Themenfeld sollen von den Kindern die folgenden Kompetenzen aufgebaut werden: Es soll ihnen im Unterricht gelingen, »Räume unterschiedlicher Art wahrzunehmen«, »sich Räume mit Hilfe von Karten, Skizzen, Beschreibungen u.a. Hilfsmitteln zu erschließen und Raumgegebenheiten zu erfassen« (GDSU 2002, S. 12). Zusätzlich sollen sie verstehen lernen, »dass jeder Mensch Mitverantwortung für die Bewahrung und Gestaltung von Räumen, für den Erhalt seiner Umwelt und Mitwelt trägt« (GDSU 2002, S. 13).

Naturwissenschaften

Sowohl national als auch international besteht Konsens darin, dass naturwissenschaftliche Bildung bereits im frühen Grundschulalter grundgelegt werden sollte: »So gibt es z.b. in den USA, England und Kanada inzwischen detaillierte Curricula, die einen anspruchsvollen und teilweise sehr systematisch aufgebauten naturwissenschaftlichen Unterricht anstreben.« (Möller 2004, S. 66) Gegenwärtig ist in Deutschland allerdings, trotz vielfacher Forderungen nach einer umfassenden naturwissenschaftlichen Grundbildung, eine nicht unerhebliche Schwachstelle im deutschen Bildungssystem bezüglich des Naturwissenschaftsunterrichts zu beklagen: Möller (2004, S. 66ff.) weist in einem Überblick darauf hin, dass besonders auf der Grundlage von Klassenbuch-, Schulbuch- sowie Lehrplänen- bzw. Rahmenrichtlinienanalysen in systematischer Weise festgestellt werden konnte, dass im Bereich der Naturwissenschaften physikalische, chemische und technische Themen zugunsten biologischer Fragestellungen weit unterrepräsentiert sind. Als im Sachunterricht zu behandelte Inhalte werden die folgenden Inhaltsfelder ausgewiesen: »Erscheinungen und Namen von Pflanzen und Tieren; Körper von Mädchen und Jungen; Essen und Trinken, gesunde Ernährung; Gesundheit und Krankheit; Tag und Nacht, Tagbogen der Sonne und Jahreszeiten; Sonne, Mond und Sterne; Steine und Mineralien; Bekleidung, Textilien, Waschen; Eigenschaften von Materialien; Schmelzen und Erstarren; Wärmeausdehnung (Thermometer); Verbrennungsprozesse; Wettererscheinungen; Licht, Farbe und Schatten; Kräfte von Wind und Wasser« (GDSU 2002, S. 17). Als Kompetenzbereiche, auf die es im Sachunterricht in den ersten vier Schuljahren zu fokussieren gilt, werden die folgenden fünf genannt: (1) »Naturphänomene sachorientiert wahrnehmen, beobachten, benennen und beschreiben«, (2) »Ausgewählte Naturphänomene auf physikalische, chemische und biologische Gesetzmäßigkeiten zurückführen und zwischen Erscheinungen der belebten und der unbelebten Natur unterscheiden können«, (3) »Fragehaltungen aufbauen, Probleme identifizieren und Verfahren der Problemlösung anwenden«, (4) »Die Regelhaftigkeit der unbelebten Natur auch als Bedingungen für die Existenz der belebten Natur verstehen« und (5) »Gründe für einen verantwortlichen Umgang mit der Natur erfassen« (GDSU 2002, S. 16). Betrachtet man diese Kompetenzbereiche, die es im Naturwissenschaftsbereich anzubahnen gilt, im Detail, so wird deutlich, dass sie aufeinander aufbauen.

Als besondere Probleme beim Erwerb von naturwissenschaftlicher Kompetenz werden so genannte *Conceptual change*-Prozesse verstanden. In verschiedenen Untersuchungen konnte gezeigt werden, dass Kindern wie älteren Schülerinnen und Schülern das Ablösen naiver Vorstellungen bzw. gewöhnlicher Alltagsvorstellungen über naturwissenschaftliche Sachverhalte durch tiefer gehende naturwissenschaftliche Konzepte nicht gelingt: »Die Vermutungen sind häufig mit dem Wissenschaftswissen, das im Unterricht vermittelt werden soll, nicht oder nur teilweise vereinbar.« (Sodian 2002, S. 467) Als ein Grund hierfür werden häufig neben fehlendem bereichsspezifischen Wissen in den einzelnen Naturwissenschaften fehlende bereichsübergreifende Kompetenzen wie beispielsweise Fähigkeiten im wissenschaftlichen Denken angenommen (vgl. Sodian/Thoermer/Kircher/Grygier/Günther 2002, S. 193). Die Hartnäckigkeit und Resistenz fehlerhafter Vorstellungen, die so genannten »misconceptions«, ergeben sich vor allem aus der epistemologischen Naivität der Kinder, »d.h. [aus] den naiven Vorstellungen über das Zustandekommen und die Begründbarkeit von Wissen« (Sodian 2002, S. 467). Um dem entgegenwirken zu können, genüge es, so Sodian u.a. (2002, S. 193), nicht, lediglich lernfachspezifische Begriffe zu vermitteln: »Vielmehr gehören zum naturwissenschaftlichen »Weltbild« auch adäquate Vorstellungen über die Natur der Naturwissenschaften, sowie über das Zustandekommen und die Begründbarkeit naturwissenschaftlichen Wissens« (Sodian u.a. 2002, S. 193).

Technikwissenschaften

Für das Themenfeld »Technikwissenschaften« liegen aktuelle Handreichungen für das Lehren und Lernen auf der Primarstufe vor (vgl. z.B. Hoenecke 2004). Die Ziele des Technikunterrichts in der Grundschule sind in erster Linie dadurch gekennzeichnet, dass es Kindern – im Sinne eines lebenslangen Lernens – gelingen sollte, »ihr lebenspraktisches technisches Können und Wissen erweitern; grundlegende technische Funktions- und Handlungszusammenhänge verstehen« und »sich mit Folgewirkungen von Technik, z.B. mit Fragen der Umwelt- und Sozialverträglichkeit von Technik, beschreibend und bewertend auseinandersetzen« zu können (GDSU 2002, S. 8). Kompetenzbereiche, die dabei im Detail bei Kindern geschult werden sollten, setzen sich dabei aus deklarativen und prozeduralen Momenten zusammen. Sie betreffen einerseits »das Planen, Bauen, Konstruieren und Nacherfinden« sowie das Experimentieren im Technikunterricht, andererseits aber auch »das zeichnerische und sprachliche Entwerfen und Darstellen« sowie »das Vergleichen und Bewerten« (GDSU 2002, S. 19).

Geschichtswissenschaften

Die Auseinandersetzung mit Geschichte gilt neben den anderen vier bereits aufgezeigten Perspektiven als ein wesentlicher Bestandteil des Sachunterrichts. Dabei werden verschiedene Zielvorgaben bezüglich dieses Inhaltsfeldes formuliert. Die GDSU (2002, S. 9) erklärt als auf der Primarstufe zu fördernde Einsichten und Fähigkeiten bei Grundschülerinnen und Grundschülern: »Die Bedingungen, unter denen Menschen leben, sind auch Folge von Entscheidungen, Handlungen und Fähigkeiten von Menschen, die vor uns gelebt haben. Das Handeln gegenwärtig lebender Menschen beeinflusst die Handlungsmöglichkeiten künftiger Generationen.« Kinder sollen dazu angeregt werden, aus der Geschichte zu lernen, interpretativen Berichten und Quellen über Geschichte mit Vorsicht zu begegnen und Perspektivenbewusstsein zu entwickeln. Als mögliche Themen werden die folgenden in Betracht gezogen: »die eigene Geschichte oder die der Familie anhand von geeigneten Quellen schreiben«, oder »Alltag, Lebensverhältnisse, Sitten und Gebräuche, Glaubensvorstellungen in verschiedenen Kulturen (Indianer, Ägypter) oder in verschiedenen Epochen (Antike, Mittelalter) rekonstruieren« (GDSU 2002, S. 22). Als zu entwickelnde Kompetenzen werden beispielsweise das Sammeln von Informationen, das Begründen der Eignung von Quellen und das Erstellen eigener Dokumentationen und Zeitleisten genannt.

Fremdsprachenunterricht

In den letzten vier Jahrzehnten gab es Bemühungen darum, bereits im Grundschulalter mit dem Fremdsprachenunterricht zu beginnen. Fremdsprachenkompetenz gilt dabei als eine übergreifende Fähigkeit, die überall dort verlangt ist, wo Menschen aus verschiedenen Ländern oder Kontinenten aufeinander treffen und sich, ob nun in privater oder geschäftlicher Hinsicht, austauschen möchten. Hierfür ist es in einem hohen Maße notwendig, sich auf eine Verkehrssprache zu einigen und in ihr über Kompetenzen hierin zu verfügen. Besonders in letzter Zeit sind Überlegungen in Hinblick auf die Erteilung von Fremdsprachenunterricht im Rahmen des Grundschulunterrichts konkret geworden: So wird in (fast) allen Bundesländern mit dem Fremdsprachenlehren und -lernen ungefähr ab Klassenstufe drei begonnen, im Bundesland Baden-Württemberg sogar schon ab dem ersten Schuljahr (vgl. Mayer 2005, S. 225). Dabei lassen sich – folgt man Mayer (2005, S. 225) – bemerkenswerte Entwicklungen unter bildungspolitischem Aspekt nachvollziehen: »Die anfänglich sehr offenen, teilweise vagen, mi-

nisteriellen Empfehlungen oder Handreichungen für den Fremdsprachenunterricht an Grundschulen sind inzwischen vielerorts
durch strukturierte Lehrpläne bzw. Rahmenrichtlinien ersetzt [...],
in denen klare, sprachliche Zielsetzungen formuliert werden. In der
fremdsprachlichen Diskussion um Qualitätsentwicklung und Standards wird die Grundschule mit berücksichtigt.« (Mayer 2005,
S. 225) Im Zentrum des Fremdsprachenunterrichts – in der Regel
handelt es sich um das Erlernen des Englischen – steht *language
awareness*, ein Ansatz, der Sprachsensibilität fördern will, z.B. für
die Aussprache, die Laut- und Klangstruktur sowie die Sprachmelo-
die. Daneben werden – auf einem elementaren Niveau – lexikalisch-
semantische Fähigkeiten, d.h. der Aufbau des Vokabulars und sprachlicher Bedeutungen, sowie grammatische Aspekte unterrichtet.

Noch immer wird ambivalent diskutiert, ob die weitläufig tra-
dierte Annahme, Kinder würden Fremdsprachen leichter erlernen
als Erwachsene, zutrifft. Aus entwicklungspsychologischer Perspektive wird in verschiedenen empirischen Untersuchungen versucht,
diese Annahme zu prüfen (vgl. S. Weinert 2004). Ohne Ausnahme
konnte dabei gezeigt werden, dass – betrachtet man die Geschwindigkeit des Erwerbs einer Fremdsprache – Erwachsene und ältere
Jugendliche im Vergleich zu Kindern des Grundschulalters diese
schneller und in viel kürzerer Zeit erlernen. Sie zeigen dabei im
Vergleich ein umfangreicheres Vokabular, gute grammatikalische
sowie bessere phonologische Kompetenzen. Diese unter quantitativem Aspekt vorliegenden Vorteile erwachsener Fremdsprachenlerner lassen sich im Wesentlichen durch eine höhere Verfügbarkeit
kognitiver Kompetenzen im Vergleich zu Kindern begründen: Erwachsene verfügen in der Regel über eine elaboriertere konzeptuel-
le Wissensbasis, über größere funktionale Kapazität des Arbeitsge-
dächtnisses und auch über bessere Problemfähigkeiten unter metakognitivem Aspekt (vgl. S. Weinert 2004, S. 127). Jedoch – legt man
die erreichten Endzustände des Fremdsprachenerwerbs bei Lernenden zugrunde – wurde in wissenschaftlichen Untersuchungen
deutlich, dass von einem Zusammenhang zwischen dem Alter zu
Beginn des Fremdsprachenerwerbs und den jeweils erreichten Test-
leistungen nach mehreren Jahren ausgegangen werden muss. Im
Detail verdeutlichten die Befunde, dass die erreichten Leistungs-

niveaus im Bereich der erlernten Fremdsprache der an den Untersuchungen beteiligten Personen umso schwächer waren, je älter sie bei Beginn des Fremdsprachenlernens jeweils waren. Mit zunehmendem Alter des Fremdsprachenerwerbs fiel damit zusammenfassend das erreichte Leistungsniveau schwächer aus (vgl. S. Weinert 2004, S. 122). Dass bei Kindern unter qualitativem Aspekt das Erlernen einer Fremdsprache weitaus besser gelingt, ist dadurch bedingt, dass sich Kinder im Vergleich zu Erwachsenen besonders in Kommunikationssituationen darum bemühen, ähnlich wie die jeweiligen Gesprächspartnerinnen und Gesprächspartner zu sprechen. Erwachsene fokussieren vielmehr darauf, sich in einer inhaltlich und grammatikalisch redlichen Weise zu artikulieren, was häufig den Redefluss hemmt. Das, was erwachsene Fremdsprachenlerner unter quantitativem Aspekt, d.h. der Geschwindigkeit der Lernprozesse, begünstige, nämlich »elaborierte kognitiv-konzeptuelle und metakognitive Kompetenzen sowie die damit verbundenen kommunikativen Intentionen, Fertigkeiten und Normvorstellungen« (S. Weinert 2004, S. 129), hindere sie folglich beim Fremdsprachenlernen unter qualitativem Aspekt: »So ist es für erwachsene Lerner typisch, dass sie oftmals relativ komplexe Inhalte bei vergleichsweise geringen formal-sprachlichen Kenntnissen auszudrücken versuchen; im Gegensatz dazu verwenden Kinder relativ frühzeitig auch solche sprachlichen Formen, deren genaue Bedeutung sie noch nicht vollständig verstanden haben.« (S. Weinert 2004, S. 132) Zusammenfassend lässt sich festhalten, dass die derzeitige Forschungslage nahe legt, mit dem Fremdsprachenlernen auf früheren Entwicklungsstufen zu beginnen. Ungeklärt ist gegenwärtig allerdings die Frage, wie und auf welche Weise Lehr- und Lernprozesse im Fremdsprachenunterricht in der Grundschule angelegt werden sollten. Ähnlich wie für den Anfangsunterricht im Unterrichtsfach Deutsch sind zum Beispiel im Bereich der Anglistikdidaktik Diskussionen um einerseits ganzheitliche und andererseits synthetische, d.h. Graphem-Phonem-Zuordnungen basierte, Formen der Einführung von Schriftbildern zu verfolgen. Bislang ist unbeantwortet, durch welche Verfahren der Fremdsprachenunterricht am besten gelingt.

Fachübergreifende Kompetenzen

Neben dem Erwerb domänenspezifischer Kompetenzen ist die Förderung fachübergreifender Fähigkeiten auch in Zeiten von Bildungsstandards und Vergleichsarbeiten eine zentrale Aufgabe der Grundschule. Dies kann mit konzeptionellen Überlegungen, die beispielsweise vom Deutschen Grundschulverband e.V. (2002) in Abgrenzung zur Einführung und Etablierung von Bildungsstandards und der damit einhergehenden Fokussierung auf den Kompetenzerwerb in den domänenspezifischen Lernbereichen Deutsch und Mathematik deklariert wurden, begründet werden. In ihrer Schrift »Bildungsansprüche von Grundschulkindern – Standards zeitgemäßer Grundschularbeit« weisen Bartnitzky, Brinkmann, Brügelmann, Burk, Hergarten, Roffmann, Kahlert, Polzin, Ramseger, Scherer und Selter (2002) darauf hin, dass es nicht nur Aufgabe von Grundschullehrkräften sei, Kinder im Laufe der ersten vier Schuljahre erfolgreich im Sinne eines »teaching to the test« auf Vergleichsarbeiten vorzubereiten. Ein zentraler Bildungsauftrag der Grundschule sei es vielmehr auch, »Sachwissen, Methoden- und Verfahrenswissen, Selbstkompetenz, soziale Kompetenz, Wertebewusstsein, Einstellungen und Haltungen« (Bartnitzky u.a., o.A.; vgl. auch Valtin 2006) zu fördern. Andererseits liegen – und dies ist sicherlich an dieser Stelle ein ebenso treffendes Argument – zahlreiche Untersuchungsergebnisse vor, die verdeutlichen, dass übergreifende Kompetenzen nicht unerhebliche Varianzanteile von Leistungen in den einzelnen Lernfeldern bei Schülerinnen und Schülern aufklären. Neben der allgemeinen Intelligenz ist das bereichsspezifische Vorwissen der Schülerinnen und Schüler für Schulleistungen bedeutsam. Auf der anderen Seite gelten im Besonderen allgemeinkognitive, motivationale und affektive Faktoren als gute bis sehr gute Prädiktoren für Schulleistungen (vgl. Köller/Baumert 2002, Helmke/Schrader 2001). Auf der Basis dieser Untersuchungsergebnisse ist eine Förderung im Bereich allgemein-kognitiver, motivationaler und affektiver Komponenten deutlich angezeigt.

Im Folgenden möchten wir einen Einblick in die Förderung zentraler fachübergreifender Kompetenzen im Grundschulalter geben: Wir berichten zunächst über die Förderung allgemein-kognitiver Fähigkeiten wie dem begrifflichen Wissen, dem Problemlösen, dem schlussfolgernden Denken, dem Argumentieren sowie dem wissenschaftlichen Denken. Angemerkt sei an dieser Stelle, dass diese Kompetenzbereiche häufig integrale Bestandteile der einzelnen Unterrichtsfächer und damit fachspezifisch verankert sind. Darauf folgend gehen wir auf Unterstützungsverfahren kindlicher Persönlichkeitsentwicklung wie dem Aufbau realitätsbezogener Selbstkonzepte sowie der Förderung von Lernfreude, Interessen und Lernmotivationen im Unterricht ein. Abschließend stellen wir Formen selbstregulierten Lernens vor.

Förderung begrifflichen Wissens

Eng verknüpft mit der Förderung von Allgemeinwissen und dem fachgebundenen Wissen in der Grundschule sind der Aufbau und die Entwicklung begrifflichen Wissens bei Kindern. Die Förderung begrifflichen Wissens gilt dabei als eine der wesentlichen Aufgaben, die an Erzieherinnen und Erzieher sowie Grundschullehrkräfte in den Handlungsfeldern des Elementar- und Primarstufenbereichs gestellt werden. Begriffe dienen in erster Linie dazu, Realitätsausschnitte präzise fassen zu können. Folgt man Sodian (2002), so gilt begriffliches Wissen in grundlegenden Domänen als mögliche Quelle für fundamentale kognitive Veränderungen in der kindlichen Entwicklung. Im Bereich der Entwicklungspsychologie werden verschiedene Theorien bezüglich der Repräsentationen begrifflichen Wissens angenommen. Voneinander unterschieden werden Theorien deterministischer und probabilistischer Merkmalsrepräsentationen. Bei der Theorie deterministischer Merkmalsrepräsentationen wird davon ausgegangen, dass Begriffe in menschlichen Gehirnen gleichzusetzen sind mit Lexikoneinträgen, »die hinreichende und notwendige Bedingungen dafür spezifizieren, dass ein

Exemplar unter den Begriff fällt« (Sodian 2002, S. 443). Problematisch bei dieser Theorie ist allerdings, dass es Begriffe – besonders aus der Perspektive von Kindern – gibt, die keine Definitionskriterien »im Sinne notwendiger und hinreichender Bedingungen« (Sodian 2002, S. 443) umfassen. Vertreterinnen und Vertreter von Theorien probabilistischer Repräsentationen gehen hingegen davon aus, »dass wir probabilistische (wahrscheinliche) Relationen zwischen Merkmalen und einem Begriff repräsentieren, [aber] nicht deterministische (vorbestimmte)« (Sodian 2002, S. 443). Dies lässt sich anhand eines Beispiels präzisieren: »Zum Beispiel können die meisten (jedoch nicht alle) Vögel fliegen und die meisten anderen Dinge in der Welt können nicht fliegen. Daher ist das Merkmal ›Flugfähigkeit‹ ein hoch valider Hinweis darauf, dass ein Objekt ein Vogel ist, jedoch weder ein notwendiges noch ein hinreichendes Definitionskriterium« (Sodian 2002, S. 443). Gemäß dieser Theorie bilden Menschen so genannte Klassifikationshierachien (zum Beispiel Lebewesen – Tiere – Vögel – Wellensittiche): Auf einer übergeordneten Ebene werden Objekte beschrieben, die in einem hohen Maße Merkmale mit anderen Exemplaren teilen; auf einer untergeordneten, niedrigeren Ebene werden die Definitionskriterien immer spezieller. Neben merkmalsbezogenen Ansätzen geht man gegenwärtig davon aus, dass theoriebasierte Annahmen zusätzlich Begriffsbildungsprozesse stützen, sie »gehen, anders als rein merkmalsbasierte Ansätze, davon aus, dass kausale (ursächliche) Relationen ein wesentlicher Teil unseres begrifflichen Wissens sind und eng mit assoziativem Wissen verknüpft sind, sodass die meisten Begriffe sowohl Erklärungen für Assoziationen zwischen Merkmalen enthalten als auch Erklärungen für Relationen zwischen verwandten Konzepten« (Sodian 2002, S. 444).

Aus dem Bereich der Entwicklungspsychologie liegen verschiedene Theorien darüber vor, wie sich das begriffliche Wissen von Kindern verändert. Es wird davon ausgegangen, dass vehemente Veränderungen in Bezug auf die formalen Strukturen von Begriffen im Laufe der kindlichen Entwicklung stattfinden: »von Perzepten zu Konzepten; von konkreten zu abstrakten Begriffen; von charakteristischen zu definitorischen Merkmalen eines Begriffs« (Sodian 2002, S. 444). Man vermutet dabei, dass Kinder von Beginn des

Säuglingsalters an durch induktives Schlussfolgern Eigenschaften und Funktionen von Objekten mit denen anderer abgleichen und auf diese Weise beginnen, in Kategorien zu denken. Im Laufe der Entwicklung nehmen der Umfang und die Qualität von begrifflichem Wissen zu. Besonders unter qualitativem Aspekt wurden Begriffsbildungsprozesse und die dabei einhergehenden Veränderungen des begrifflichen Wissens untersucht: »Wygotski (1962) postulierte einen Wandel von thematischen zu taxonomischen (auf eine Klasse bezogene) begrifflichen Repräsentationen«, während eine Veränderung begrifflichen Wissens laut »Piaget (1951) von konkreten zu abstrakten Konzepten« (Sodian 2002, S. 445) erfolgt. Diese Überlegungen gelten mittlerweile allerdings als weitgehend überholt. Es zeigte sich, dass bereits jüngere Kinder bei geeigneter Instruktion in der Lage sind, unter taxiomatischem Gesichtspunkt zu kategorisieren, d.h., sie können zum Beispiel verschiedene Repräsentationen von Fortbewegungsmitteln nach einem übergeordneten Raster ordnen oder Tiere kategorisieren. Die neuere Forschung, so Sodian (2002, S. 446) oder Berk (2005, S. 390ff.), widerlegt weiterhin – wie eben erwähnt – die von Piaget erklärten Entwicklungsstadien von konkreten hin zu abstrakten Konzepten bei Kindern: In empirischen Untersuchungen konnte beispielsweise gezeigt werden, dass jüngere Kinder im Alter von drei bis fünf Jahren bis zu einem gewissen Grad abstrakt denken und kategorisieren können. Des Weiteren konnte verdeutlicht werden, dass Konzepte von Kindern im Vorschul- und im frühen Grundschulalter bereits wissensbasiert und nicht lediglich anschauungsgebunden sind (vgl. Sodian 2002, S. 446). Es zeigte sich im Speziellen, so Sodian (2002, S. 447), dass kindliche Begriffe in einem hohen Maße kontextspezifisch und lebensweltbedingt sind. Ganz allgemein kann für die Entwicklung begrifflichen Wissens bei Kindern im Alter von sieben bis zehn Jahren gemäß Berk (2005) allerdings festgehalten werden, dass sie Aufgaben der Einordnung von Klassen in der Regel lösen und »dass ihnen Klassifikationsstrategien bewusster sind und sie sich auf Beziehungen zwischen einer allgemeinen Kategorie und zwei speziellen Kategorien gleichzeitig konzentrieren können, d.h. drei Kategorien auf einmal«. »Das Sammeln von z.B. Briefmarken, Münzen,

Baseballkarten, Steinen, Flaschenverschlüssen und anderem, ist in der mittleren Kindheit sehr verbreitet.« (Berk 2005, S. 391)

Eng verbunden mit dem Aufbau begrifflichen Wissens und Denkens ist die Sprachentwicklung. Sprache ermöglicht Kindern, Begriffe präzise fassen und beschreiben zu können. Indem Kinder neue Wörter erwerben, erlernen sie häufig gleichzeitig begriffliche Relationen zwischen Objekten bzw. zwischen Objektklassen. So können sie mithilfe von Sprache Aussagen über Beziehungen zwischen basalen Objekten und über- bzw. untergeordneten Kategorien machen.

Fasst man die Untersuchungsergebnisse zusammen, so wird deutlich, dass Kinder in der Regel im Alter von ungefähr sechs bis zehn Jahren in der Lage sind, Gegenstände zu ordnen, zu sortieren, zu klassifizieren und in ersten Schritten sprachlich zu fassen. Dies gelingt ihnen in Ansätzen bereits bei abstrakten Inhalten, wie die entwicklungspsychologische Forschung zeigt. Es liegen dabei insbesondere Hinweise dafür vor, dass dies Kindern dann leichter fällt, wenn sie in einer entsprechenden Weise bei diesen Prozessen unterstützt werden. Gegenwärtig kann festgehalten werden, dass Kinder im Grundschulunterricht in vielfältiger Weise dazu angeregt werden sollten, Gegenstände nach vorgegebenen Rastern oder Kategorien zu sortieren sowie Begründungen dafür anzuführen, warum spezifische Gegenstände zu einer spezifischen Kategorie gehören oder nicht. Die Komplexität von Aufgabenstellungen sollte dabei kontinuierlich – je nach Lernvoraussetzungen der einzelnen Schülerinnen und Schüler – erhöht werden, zum Beispiel durch Zunahme von zur Verfügung stehenden Kategorien oder in Hinblick auf Eigenschaften und Merkmale von Gegenständen. Von eher konkreten Eigenschaften oder Begriffen sollte kontinuierlich übergeleitet werden zu abstrakteren Inhalten.

Förderung von Problemlösefähigkeit

Kompetenzen im Bereich des Problemlösens gelten als wichtige Voraussetzungen für Lehr- und Lernprozesse. Sie werden in der Regel fachgebunden in der Grundschule, d.h. zum Beispiel im Mathematikunterricht und/oder im Deutschunterricht, implizit gefördert. Folgt man Oerter und Dreher (2002, S. 474), so kann davon ausgegangen werden, dass Leistungsfortschritte bei Schülerinnen und Schülern in den so genannten Kernfächern wie Mathematik und Deutsch im Besonderen auf den Erwerb von verbesserten und effizienteren Strategien zurückzuführen sind. Unter Problemlösen versteht man dabei im Kontext von Informationsverarbeitungstheorien Strategiekonstruktionen, Strategienutzungen sowie das Entdecken von Regelhaftigkeiten bei ähnlichen Problemstellungen. Kinder sind dann mit Problemen in ihrem Umfeld, z.B. im Grundschulunterricht konfrontiert, wenn sie ad hoc keine Ideen parat haben und ihr bisheriges Verhaltensrepertoire nicht ausreicht, um eine Aufgabenstellung zu lösen, und/oder eine Problemstellung aus der Sicht von Kindern im ersten Moment als knifflig oder herausfordernd wahrgenommen wird. Den Kindern ist dabei häufig spontan nicht klar, welche Handlungen erforderlich sind, um ein Ziel erfolgreich erreichen zu können. Aufgabenstellungen, die Problemlösen erforderlich machen, sind solche, die Kindern zuvor nicht bekannt sind. Sie sind gefordert, erstmalig Strategien zu entwickeln, die sich erst mit der Zeit automatisieren. In der Regel müssen sie dabei ein gewisses Maß an Anstrengung aufbringen. Problemlösen bei Kindern erfordert dabei häufig das Abstecken von Zielen, d.h. die Zielgerichtetheit beim Lösen von Aufgaben, (bereichsspezifische) Kenntnisse oder Vorwissen in Bezug auf Problemstellungen, den Einsatz von Mitteln zur Zielerreichung hinsichtlich der Lösung eines Problems sowie »organisiertes und kontrolliertes Vorgehen beim Einsatz von Mitteln« (Oerter/Dreher 2002, S. 471). All diese eben genannten Faktoren stellen zusammengefasst Prädiktoren für effizientes Problemlösen dar.

Bei Kindern des Vorschul- und Grundschulbereichs konnte beobachtet werden, dass sie nicht über die »Absichtlichkeit oder Organisiertheit des Vorgehens bei der Zielerreichung als Kennzeichen einer Strategie« (Oerter/Dreher 2002, S. 471) verfügen. Ihnen ist in der Regel das explizite Wissen über das eigene Vorgehen nicht bewusst. Entscheidungen bezüglich der Auswahl von Strategien und Problemlöseverfahren werden von Kindern nicht bewusst getroffen, sie sind lediglich unter prozeduralem, nicht aber unter deklarativem Aspekt vorhanden (Oerter/Dreher 2002, S. 475).

Häufig entwickeln Kinder Strategien zur Lösung eines Problems, indem sie sie zunächst fehlerhaft anwenden. Finden Kinder geeignete und erfolgreiche Strategien, so sind diese häufig überdauernd und resistent gegenüber neu erlernten Denkweisen. Als eine wichtige Voraussetzung für Problemlöseprozesse wird bereichsspezifisches Vorwissen erachtet. Bei Problemlöseprozessen erleichtert und entlastet dies in der Regel den Arbeitsspeicher, Kinder können sich beim Problemlösen auf die wesentlichen Arbeitsschritte konzentrieren. Gemäß Piaget (1976) gilt, dass Kinder »zu einem höheren Problemlöseniveau [gelangen], wenn sie mit einem Problem mit einem etwas höheren Schwierigkeitsgrad konfrontiert werden, das auf die Mängel der jeweils niedrigeren Regel aufmerksam macht« (Oerter/Dreher 2002, S. 480).

Förderung im Bereich des schlussfolgernden Denkens

Schlussfolgerndes Denken gilt als eine wichtige Voraussetzung für das Problemlösen und ist eine wesentliche Determinante für Argumentations- und Begründungsprozesse in den einzelnen domänenspezifischen Lernfeldern, besonders auf der späteren Sekundarstufe. Unter schlussfolgerndem Denken wird verstanden, dass Kinder Sachverhalte vergleichen, zueinander in Beziehung setzen, Rückschlüsse ziehen und Regelmäßigkeiten entdecken können. Vereinfacht lässt sich dies nach Oerter und Dreher (2002, S. 487) so ausdrücken: »Allgemein bedeutet schlussfolgerndes Denken, dass man von etwas Gegebenem zu etwas Neuem kommt.« Voneinander unterscheiden lassen sich generell drei verschiedene Arten schlussfolgernden Denkens, nämlich das analoge, das induktive und das deduktive Schließen.

Unter analogem Schließen wird verstanden, dass Ähnlichkeiten zwischen bereits Bekanntem und Unbekanntem erkannt und gedeutet werden können. In Abgrenzung zum analogen Begründen meint induktives Schließen dabei, dass »aufgrund immer wiederkehrender Regelmäßigkeiten oder Wirkungszusammenhänge« (Oerter/Dreher 2002, S. 487) Schlussfolgerungen gezogen werden. Aus Einzelbeobachtungen wird auf Allgemeines, d.h. allgemeine

Regeln oder Gesetzmäßigkeiten geschlossen: »Die Gültigkeit betreffend stellt sich die Frage: Wie oft muss nach einem Ereignis ein bestimmtes anderes Ereignis auftreten, damit wir Ereignis und nachfolgendes Ereignis als Regelmäßigkeit oder kausale Verknüpfung interpretieren und unser Verhalten danach ausrichten?« (Oerter/ Dreher 2002, S. 488). Als Voraussetzungen für induktive Schlüsse lässt sich festhalten, dass Kinder Regelmäßigkeiten bei Problemstellungen entdecken und vor allen Dingen Gleiches und Verschiedenes als solches differenzieren und benennen können. Die Förderung induktiven Denkens steht in einem engen Zusammenhang zum wissenschaftlichen Denken im Grundschulalter: Induktives Denken »tritt als zentrale Komponente des Denkens dann in den Vordergrund, wenn es darum geht, Hypothesen aufzustellen und zu überprüfen, Voraussagen zu machen oder für das Auftreten bestimmter Ereignisse Wahrscheinlichkeiten festzulegen« (Oerter/ Dreher 2002, S. 493). Festzuhalten bleibt, dass bei nur einem Gegenbeispiel die induktiv erschlossene Theorie bereits den Anspruch auf allgemein gültigen Aussagewert verliert.

Deduktives Schließen ist eine weitere Form schlussfolgernden Denkens und zugleich das Gegenteil von induktivem Schließen. Es bedeutet, aus bekannten Sachverhalten oder -situationen auf andere schließen zu können. Diese Form des Schlussfolgerns ist besonders durch das Schließen vom Allgemeinen auf das Besondere, d.h. zum Beispiel den Einzelfall, gekennzeichnet. Aus diesem Grund wird im Zusammenhang mit deduktiven Schlussfolgerungen auch häufig von logischem Schließen gesprochen.

Folgt man Piaget, so sind Kinder in der Regel auf der Stufe der formalen Operationen, d.h. ab dem Alter von etwa elf bis zwölf Jahren, in der Lage, schlussfolgernd – ob nun analog, induktiv oder deduktiv – zu denken. Einfache Strategien des Schlussfolgerns sind nach Piaget bereits ab dem Alter von acht Jahren möglich und können in der Regel ungefähr ab dem Schulbeginn vorbereitet werden. Logisches Schließen, d.h. Deduktionsschlüsse, sowie logische und inhaltsunabhängige Implikationsschlüsse (sog. Wenn-Dann-Aussagen) fallen Kindern allerdings in der Regel schwer. Sie werden in der Regel am Ende der Grundschulzeit vermittelt bzw. gefördert. Voraussetzungen dafür, dass schlussfolgerndes Denken in diesem

Alter gelingt, ist das Erkennen von Ähnlichkeiten, der Transfer von Wissen auf neue Sachverhalte sowie das Ableiten von bisher nicht bekannten Zusammenhängen. Kinder sollten besonders im Grundschulalter Angebote im Unterricht gemacht werden, bei denen sie – im Bereich des analogen Schließens – überlegen können, inwiefern das Lösen eines Problems dadurch erleichtert werden kann, indem Bezug genommen wird auf eine bereits bearbeitete und gelöste Problemstellung: Gibt es Ähnlichkeiten oder Gemeinsamkeiten bei zu bearbeitenden Aufgabenstellungen? Worin liegen die Unterschiede genau? Hierbei muss bei der Bereitstellung Folgendes beachtet werden: »Ob ein Transfer gelingt, hängt wesentlich davon ab, ob die Strukturgleichheit erkannt und Oberflächenmerkmale vernachlässigt werden« (Oerter/Dreher 2002, S. 489) können.

Förderung im Bereich des Argumentierens

Argumentieren und Begründen gelten als fachübergreifende Kompetenz, die fachspezifisch in verschiedener Weise genutzt bzw. entwickelt werden: Im Mathematikunterricht gilt das Argumentieren und Begründen beispielsweise als Vorbereitung auf das Beweisen auf höheren Schulstufen: Argumentieren bedeutet hier im Einzelnen, »begründen; logisch einordnen; folgern; überprüfen; voll einsehen; sich an Vereinbarungen (z.B. Definitionen) halten; [...]; Scheinargumente als solche zu entlarven; bereit sein, Gegenargumente anzuhören; bereit sein, unwiderlegbare Argumente zu akzeptieren« (Wittmann 2002, S. 37). Im naturwissenschaftlichen Unterricht kommt das Argumentieren beispielsweise zum Einsatz, wenn Ergebnisse bei Experimenten gedeutet und alternativ erklärt werden sollen. Im Deutschunterricht ist es ein wichtiges Instrument, um sich sprachlich adäquat ausdrücken und Standpunkte beziehen zu können. All diesen Funktionen von Argumentationen und Begründungen in den einzelnen domänenspezifischen Lernbereichen ist gemeinsam, dass sie in der Regel als eine Folge von Äußerungen verstanden werden, die dazu dienen, einen Geltungsanspruch rational, durch das Hervorbringen von Gründen zu stützen. Oder anders gesagt, mit den Worten von Habermas (1999, S. 38):

»Argumentationen nennen wir den Typus von Rede, in dem Teilnehmer strittige Geltungsansprüche thematisieren und versuchen, diese mit Argumenten einzulösen oder zu kritisieren. Ein Argument enthält Gründe, die in systematischer Weise mit dem Geltungsanspruch einer problematischen Äußerung verknüpft sind.« Toulmin (1975) hat in diesem Zusammenhang einen Argumentationsbegriff entwickelt, anhand dessen Argumentationen bereichsunabhängig beschrieben werden können. Er versteht das Formulieren von Argumenten als ein Vorgehen, durch rationale Begründungen Geltungsansprüche zu stützen. Er unterscheidet bei dem Prozedere des Argumentierens und Begründens vier zentrale Begriffe: die Daten, den Garant, die Stützung des Garanten sowie die Konklusion. Die Konklusion stellt dabei die Behauptung dar, die begründet werden soll. Die Daten sind die unbezweifelten Aussagen. Durch den Garanten wird wiederum der Schluss von den Daten auf die Aussage begründet, er erfährt Stützung in Form von grundsätzlichen Erkenntnissen und zusätzlich relevantem Faktenwissen. Als Prädiktoren zur Vorhersage von Argumentationen und Begründungen bei Kindern können eine solide bereichsspezifische Wissensbasis, begriffliches Wissen sowie Fähigkeiten im Bereich des schlussfolgernden Denkens angenommen werden. Für die Unterrichtspraxis bleibt festzuhalten, dass die Förderung von Argumentationen und Begründungen als ein wichtiges Lernziel in der Grundschule betrachtet werden kann. In den einzelnen domänenspezifischen Unterrichtsfächern sollte es Lehrerinnen und Lehrern gelingen, Kinder dazu zu ermutigen, Lösungsschritte bei Aufgabenstellungen, Verhaltensweisen oder Handlungsintentionen zu begründen und Argumente für oder gegen spezifische Sachverhalte, Wissensbereiche oder Situationen zu äußern.

Förderung im Bereich des wissenschaftlichen Denkens

Die Förderung des wissenschaftlichen Denkens wird in zwei verschiedenen Zusammenhängen diskutiert, zum einen im Kontext des Kompetenzaufbaus im Bereich der Naturwissenschaften (Biologie, Chemie und Physik), d.h. Aspekten des Sachunterrichts auf der Primarstufe, zum anderen in Hinblick auf wissenschaftliche Erkenntnisprozesse, d.h. Prozesse der »Bildung, Prüfung und Revision von Theorien und Hypothesen über beliebige Phänomenbereiche« (Sodian 2001, S. 789). Es handelt sich beim wissenschaftlichen Denken um die Fähigkeit, Hypothesen, d.h. Vermutungen über einzelne Lebensausschnitte formulieren zu können, sie in Experimenten oder zum Beispiel anhand gezielter Beobachtungen zu klären und die gewonnenen Ergebnisse auf die eingangs formulierten Annahmen rückbeziehen bzw. reflektieren zu können.

Zum gegenwärtigen Zeitpunkt ist weitgehend unklar, in welchem Maße Kinder auf frühen Klassenstufen in der Lage sind, wissenschaftlich zu denken und auf welchen Schulstufen eine Förderung in diesem Bereich initiiert werden sollte. Es besteht jedoch zurzeit weitgehend Konsens darin, dass es sogar noch Jugendlichen und Erwachsenen zum Teil schwer fällt, von Vorstellungen, wie sie sich jeweils vom Standpunkt der Betrachtung ergeben und »der Dinge, wie sie nun eben sind« (Günther/Grygier/Kircher/Sodian/Thoermer 2004, S. 94) zu abstrahieren, Überlegungen in Hinblick auf ihre Überprüfbarkeit anzustellen und »eigene Untersuchungen zum Gegenstand systematischer empirischer Prüfung zu machen« (Sodian 2001, S. 791). Wissenschaftliches Denken ist bis zu einem gewissen Grad verknüpft mit epistemologischen Überzeugungen in Hinblick auf den Ursprung von Wissen; diese werden häufig auch als »das Wissen über das Wissen« bezeichnet. Sodian (2001) berichtet, dass Kinder besondere Schwierigkeiten dabei zeigen, den Sinn und das Ziel des Prüfens von Hypothesen zu verstehen, sie »produzieren oder reproduzieren häufig Effekte, anstatt Ursachenfaktoren für diese Effekte« (Sodian 2001, S. 791) zu identifizieren. Sie sind nicht imstande, experimentelle Untersuchungen zu planen und deuten empirische Daten häufig falsch: »Die meisten Kinder zeigten ein aktionales Wissenschaftsverständnis, d.h. sie glauben, dass Wissenschaftler Experimente durchführen, um etwas auszuprobieren, sie sehen ›Ideen‹ (Theorien, Hypothesen) als Handlungspläne und die Ergebnisse von Experimenten als Erfolgs- oder Misserfolgsindikatoren für diese Handlungspläne. Folglich haben sie kein Verständnis des zyklischen und kumulativen Charakters des wissenschaftlichen Erkenntnisprozesses: Experimente können erfolgreich sein oder scheitern. Nach dem Abschluss eines Experiments beginnt ein Wissenschaftler ein neues.« (Sodian 2001, S. 792f.) Gegenwärtig geht man davon aus, dass das Wissenschaftsverständnis bereits auf frühen Stufen der Entwicklung instruktionsabhängig ist, also gefördert werden kann. Neuere Untersuchungsergebnisse belegen beispielsweise, so Sodian, Thoermer, Kircher, Grygier und Günther (2002, S. 196), dass Kinder bereits im ausgehenden Grundschulalter Strategien zur Hypothesenprüfung lernen, Unterschiede zwischen Hypothesen und Evidenzen bei instruktionaler Unterstützung erkennen und die Logik von Hypothesenprüfungen nachvollziehen können. In einer Trainingsstudie mit N=35 Kindern des vierten Schuljahres untersuchten Sodian u.a. (2002), inwiefern mittels einer kurzfristigen Intervention epistemologische Präkonzepte von Kindern durch eine Fördereinheit im Bereich wissenschafts- und erkenntnistheoretischer Reflexion beeinflussbar, d.h. veränderbar waren. Außerdem wurde präexperimentell das Wissenschaftsverständnis der an der Untersuchung beteiligten Kinder differenziert beschrieben. Bei der Studie wurden die Kinder prä- und postexperimentell zu ihrem Wissenschaftsverständnis interviewt. Sie beantworteten Fragen zu ihren Überzeugungen bezüglich der Ziele und Fragen von wissenschaftlichen Untersuchungen sowie zu zentralen Begrifflichkeiten wie Experiment, Hypothese und Theorie. Zusätzlich wurde den Kindern im Rahmen von Tests vor und nach der Untersuchung eine Experimentieraufgabe gestellt, die sie lösen sollten. Eine Gruppe von Kindern, die Experimentalgruppe, erhielt im Rahmen des Sachunterrichts eine Fördereinheit zum Wissenschaftsverständnis, eine andere Gruppe von Kindern, die Kontrollgruppe, wurde regulär, d.h. nach dem Lehrplan unterrichtet. In dieser Untersuchungsgruppe wurde explizit darauf geachtet, dass keine wissenschaftstheoretischen Fragestellungen behandelt wurden, um bei den späteren Auswertungen Effekte dieser Trainingsstudie in einer redlichen Weise messen zu können. In der Trainingsphase nahmen die Kinder der Experimentalgruppe an einer Unterrichtseinheit zum Thema »Warum geht Brotteig auf? – Wir arbeiten wie Wissenschaftler« teil, die insgesamt fünf Unterrichtsstunden umfasste. Im Rahmen dieser Unterrichtseinheit wurde in erster Linie Wissenschaftstheorie mit den Kindern besprochen: Es wurden

Hypothesen dazu formuliert, ob und unter welchen Bedingungen
Brotteig aufgeht. Die Vermutungen wurden anhand von Experimenten geprüft, auf deren Basis weiterführende Hypothesen formuliert wurden. Im Besonderen wurden die Logik des Experimen-
tierens sowie der kumulativ-zyklische Charakter wissenschaftlicher
Arbeiten in das Zentrum des Unterrichts gestellt. Die Ergebnisse
dieser Untersuchung zeigen Befunde unter deskriptivem und expe-
rimentellem Aspekt: Die überwiegende Mehrheit der Kinder ging
präexperimentell davon aus, dass Wissenschaft in erster Linie durch
das Sammeln von Faktenwissen gekennzeichnet sei. Bei den Kindern zeigte sich dabei im Detail, dass ihnen selbst ein rudimentäres
Verständnis des Theorie-Evidenz-Zusammenhangs fehlte. Die Ergebnisse des experimentellen Teils der Untersuchung geben zusammenfassend Hinweise darauf, dass das Wissenschaftsverständnis von Grundschulkindern durch kurzfristige Interventionen tendenziell beeinflussbar ist. Ungefähr die Hälfte der Kinder, die an
dem Training im wissenschaftlichen Denken teilgenommen hatte,
zeigte – im Vergleich zum Vortest – bessere Werte im Nachtest (vgl.
Sodian u.a. 2002, S. 203).

Aufbau realitätsbezogener Selbstkonzepte

Als eine wichtige Aufgabe von Schule gilt der Aufbau realitätsbezogener Selbstkonzepte bei Kindern. Es ist seit längerem bekannt, dass
Kinder, die über positive Selbstkonzepte in einzelnen Unterrichtsfächern verfügen, dort auch bessere Leistungen erbringen als Kinder,
die sich selbst nur wenig im Unterricht zutrauen. Darüber hinaus
liegen Hinweise dafür vor, dass Fähigkeitsselbstkonzepte über motivationale Variablen vermittelt Lernprozesse von Schülerinnen und
Schülern beeinflussen. Unklarheit besteht allerdings bislang in Bezug auf eine adäquate und einheitliche begriffliche Bestimmung
von Selbstkonzepten. Moschner (2001, S. 629) spricht in diesem
Zusammenhang sogar von einer »babylonischen Sprachverwir-
rung«. In Abgrenzung zu den Begriffen Selbsteinschätzung, Selbst-
wahrnehmung oder Selbstvertrauen wird der Begriff »Selbstkonzept« als »geordnete Menge aller im Gedächtnis gespeicherten

selbstbezogenen Information« oder als »organisiertes Wissen über die eigene Person« verstanden (Krapp 1997, S. 328). Einheitlich wird er damit als das deklarative Wissen einer Person über sich selbst gefasst (vgl. Moschner 2001, S. 629). Vereinfacht lässt sich dies so ausdrücken: Das Selbstkonzept ist das, »was Menschen über sich selbst denken, welche Eigenschaften sie sich zuschreiben« (Pior 1998, S. 13). In der vorliegenden Literatur werden in diesem Zusammenhang verschiedene Modelle in Hinblick auf den Aufbau genereller Selbstkonzepte diskutiert. Eines dieser Modelle geht auf Shavelson, Hubner und Stanton (1976) zurück. Bei diesem Modell wird theoretisch davon ausgegangen, dass das generelle Selbstkonzept bei Individuen durch Teilselbstkonzepte konstituiert ist. Voneinander unterschieden werden akademische Teilselbstkonzepte, die sich zum Beispiel im Kontext »Schule« auf die einzelnen Unterrichtsfächer beziehen, soziale, emotionale sowie physische Teilselbstkonzepte. Eine Annahme bei diesem Modell ist, dass Individuen in vielen verschiedenen Situationen im Austausch mit ihrer Umwelt Rückmeldungen erhalten, die sich in einer spezifischen Weise in ihren Teilselbstkonzepten niederschlagen. Eine Schülerin, die bei der Bearbeitung komplexer Mathematikaufgaben häufig positive Rückmeldungen seitens ihrer Fachlehrerin erhält, wird ihre Fähigkeiten in Mathematik anders beurteilen, als ein Schüler, der in regelmäßigen Abständen auf seine defizitären Kompetenzen in Mathematik hingewiesen wird. Als Quellen schulischer Selbstkonzepte von Schülerinnen und Schülern werden in diesem Kontext verschiedene Prozesse beschrieben. Das »Internal/External Frame of Reference Model« von Marsh (z.B. 1986) erklärt dabei theoretisch zwei zentrale Informationsquellen für die Bildung fachspezifischer Selbstkonzepte der eigenen Begabung. Gemäß der Theorie sozialer Vergleichsprozesse werden einerseits von Schülerinnen und Schülern interindividuelle Vergleiche (»External Frame of Reference«) unternommen. Hierbei vergleichen Kinder ihre eigenen Leistungen in einem Schulfach mit denen ihrer Klassenkameradinnen und -kameraden. In der Regel werden dabei Vergleiche mit Klassenkameradinnen und -kameraden aus der gleichen Schulklasse mit größtmöglicher Ähnlichkeit in Bezug auf Schulleistungen und/oder -einstellungen unternommen. Konkretisierungen des »External

Frame of Reference« sind unter der Bezeichnung »Big-Fish-Little-Pond-Effekt« (vgl. z.B. Köller 2004) bekannt geworden. Es wird vermutet, dass zwei Kinder (*fishes*), deren Leistungsfähigkeiten nahezu identisch sind, die jedoch Schulklassen mit verschiedenen Leistungsniveaus besuchen, unterschiedliche Selbstwahrnehmungen ihrer eigenen Fähigkeiten aufweisen. Konkret bedeutet dies: Das Kind (*big fish*) in der schwächeren Schulklasse (*little pond*) schätzt seine Kompetenzen höher ein als ein entsprechendes Kind (*little fish*) in einer leistungsstärkeren Klasse (*big pond*) (vgl. Hellmich 2005, S. 51ff.).

Andererseits nehmen Kinder intraindividuelle Vergleiche (»Internal Frame of Reference«) vor. Dabei vergleichen sie beispielsweise ihre Leistungsergebnisse in einem Unterrichtsfach mit ihren Leistungen in einem anderen Unterrichtsfach (»In Mathe bin ich besser als in Deutsch!«). Als weitere Bedingungs- bzw. Einflussfaktoren für die Genese und Veränderung von Selbstkonzepten gelten die Rolle der Lehrerin bzw. des Lehrers sowie Aspekte der Lehr- und Lernumwelt, zum Beispiel das Lern- bzw. Unterrichtsklima.

Weitgehend ungeklärt ist die Richtung der Wirkungsweise von bereichsspezifischen Selbstkonzepten und Schulleistungen in den einzelnen Lernfeldern: Beeinflussen Leistungen zeitlich nachgeordnete Selbstkonzepte bei Kindern in spezifischen Bereichen (Skill-Develpoment-Ansatz) oder dient umgekehrt die Auffassung von der eigenen Begabung zur Vorhersage von nachgeordneten bereichsspezifischen Leistungen (Self-Enhancement-Ansatz)? – Ergebnisse aus der Unterrichtsforschung halten sich die Waage, sodass gegenwärtig von einer wechselseitigen Beziehung ausgegangen werden kann. Im Rahmen der Längsschnittstudie SCHOLASTIK (vgl. Weinert/Helmke 1997) konnte in diesem Kontext bei Kindern im Verlauf der Grundschulzeit allerdings ein differenziertes Bild gewonnen werden. Es zeigte sich, dass »zu Beginn der Grundschulzeit allgemein reziproke Beziehungen zwischen Leistung und Selbstkonzept vorherrschen: frühes erhobenes Selbstkonzept beeinflusst nachfolgende Leistungen [...] ebenso wie vorausgegangene Leistungen nachfolgendes Selbstkonzept. Demgegenüber findet sich in der späteren Grundschulphase insofern mehr Evidenz« dafür, als

Leistung »das spätere Selbstkonzept der Fähigkeit beeinflusst« (van Aken/Helmke/Schneider 1997, S. 350). Die Ergebnisse aus der Internationalen Grundschul-Lese-Untersuchung bzw. ihrer nationalen Erweiterung um die Lernbereiche Mathematik und Naturwissenschaften (IGLU-E) verdeutlichen darüber hinaus, dass Kinder am Ende der vierten Jahrgangsstufe in der Regel über realitätsbezogene Selbstkonzepte verfügen und sich ihrer Stärken und Schwächen durchaus bewusst sind. Auf der Basis dieser deskriptiven Befunde ist zu vermuten, dass die Selbstkonzepte der Kinder in den einzelnen Lernbereichen in einem engen Zusammenhang zu ihren tatsächlichen bereichsspezifischen Leistungen stehen (vgl. Weinert/Helmke 1997; Weinert 1998). Die Ergebnisse aus SCHOLASTIK weisen darüber hinaus darauf hin, dass es am günstigsten ist, wenn Kinder ihre eigenen schulischen Fähigkeiten mäßig überschätzen, sich also ein wenig mehr zutrauen, als es den eigenen Fähigkeiten entspricht: »Eine optimistische Selbsteinschätzung wirkt wie ein Zusatzmotor: Aufgaben, die bei einer realitätsangemessenen Selbsteinschätzung eigentlich mangels Erfolgsaussicht gar nicht erst begonnen würden, werden bei einer leicht optimistisch verzerrten Selbsteinschätzung trotzdem angepackt; bei auftretenden Schwierigkeiten wird nicht gleich aufgegeben, sondern länger durchgehalten.« (Helmke 1998, S. 130)

Zur Förderung realitätsbezogener Selbstkonzepte im Unterricht ist es plausibel, dass individuelle Rückmeldungen, d.h. so genannte Feedbacks seitens der Lehrerinnen und Lehrer in Bezug auf Entwicklungsfortschritte Kindern dazu verhelfen können, ihre Leistungen und Begabungen realistisch einzuschätzen und neuen Herausforderungen im Unterricht optimistisch zu begegnen. Bei Aufgabenstellungen, die in eher offenen Unterrichtssituationen bearbeitet werden, ist dabei darauf zu achten, dass Kindern die Gelegenheit gegeben wird, ihre Lernergebnisse selbst zu evaluieren, um eine direkte Rückmeldung zu erbrachten Leistungen zu erhalten. In Hinblick auf die Begutachtung von Leistungen bei Kindern im Verlauf eines Schuljahres stellen neben Verbalbewertungen und Ziffernnoten, so genannte Portfolios, bei denen Lernergebnisse von Kindern über eine längere Zeitspanne hinweg skizziert und dokumentiert werden, eine gute Alternative dar. Bei dieser Form der Bewertung kann es gelingen, Kindern ihre Entwicklungsschritte aufgrund von Dokumentationen transparent darzubieten und ihnen ihre eigenen Stärken und Schwächen aufzuzeigen.

Förderung von Interessen und Lernmotivationen

Als eine besondere Aufgabe der Grundschule gilt der Aufbau von Interessen, Lernfreude und vor allen Dingen der Lernmotivation. So wird häufig postuliert, dass erfolgreiches schulisches Lehren und Lernen sich dadurch auszeichne, dass es gelingt, Kinder bei Lehr- und Lernprozessen zur Mitarbeit im Unterricht zu motivieren und sie für Unterrichtsinhalte zu interessieren. Bei den Begriffen Interesse, Lernfreude und Lernmotivation handelt es sich jeweils um verschiedene Konstrukte, denen gemeinsam ist, dass sie ihre Ursprünge im Bereich der Disziplinen Pädagogik und Psychologie haben. Unter Lernfreude wird in Abgrenzung zu den beiden anderen Begriffen die affektive Komponente der Einstellung zum Lernen verstanden, nämlich »die relativ überdauernde emotionale Besetzung bzw. affektive Tönung des schulischen Lernens und fachlicher Inhalte« (Helmke 1993, S. 78). Im Vergleich hierzu handelt es sich bei dem Abstraktum Interesse aus pädagogischer Perspektive um eine Person-Gegenstands-Beziehung: Interesse wird dabei weder als eine mehr oder weniger stabile Eigenschaft einer Person, noch als eine Gegenstandsvariable verstanden, sondern vielmehr als das Resultat der Auseinandersetzung von Person und Gegenstand und der dabei stattfindenden Prozesse. Interessengegenstände sind dabei grundsätzlich durch konkrete Objekte, Themenbereiche oder durch verschiedenartige Klassen von Tätigkeiten bestimmt (vgl. Krapp 2001, S. 286). Auf den Grundschulunterricht bezogen können hiermit beispielsweise auch Lehr- und Lernumgebungen gemeint sein, die Kinder zum Beispiel deswegen interessieren, weil sie aus ihrer Sicht durch verschiedene Eigenschaften wie die wahrgenommene Autonomie, das Ausmaß an unterrichtlicher Einbindung, die Bereitstellung angemessener Aufgaben oder ein positives Lernklima gekennzeichnet sind. Bei einer erstmaligen Auseinandersetzung mit einem Lerngegenstand spricht man in der Regel von Interessiertheit bei Kindern, bei erneuten Konfrontationen entstehen Interessen im Sinne dauerhafter Dispositionen. Interessiertheit entwickelt sich beispielsweise dann, wenn Kinder in anfänglichen Situationen einen Interessengegenstand als persönlich wichtig erachten, die Auseinandersetzung als positiv erleben und erkennen, dass sie bei der Beschäftigung in einem spezifischen Wissensfeld dazulernen. Lernfreude bei Kindern kann dabei als ein affektiv-evaluativer Indikator für schulfachbezogene Interessen verstanden werden. Interessen im Sinne dauerhafter Dispositionen entstehen häufig, wenn Kinder sich dauerhaft im Umgang mit einem Gegenstand, der sie interessiert, als kompetent und autonom wahrnehmen und sie sich sozial eingebunden fühlen. Theoretisch wird gegenwärtig davon ausgegangen, dass Interessen von Kindern durch die Interessantheit von Lernumgebungen optimiert werden können. So ist beispielsweise zu erwarten, dass Kinder sich dann besonders für Unterrichtsinhalte interessieren, wenn ihnen Themen- oder Aufgabenstellungen dargeboten werden, die authentische oder zumindest auf die Realität bezogene Fragestellungen beinhalten und damit sozusagen aus der Alltags- und Lebenswelt der Kinder gegriffen sind.

Unter Lernmotivation versteht man im schulischen Kontext die auf ein spezifisches, positiv bewertetes Lernziel ausgerichtete Aktivierung einer Schülerin oder eines Schülers. Im Bereich der klassischen Motivationsforschung wird »die jeweils aktuelle Motivation aus dem Zusammentreffen bestimmter Personmerkmale (sog. *Motive*) mit dazu passenden Situationsmerkmalen rekonstruiert« (Rheinberg 2001, S. 478): Schülerinnen und Schüler sind in der Regel zum Beispiel dann motiviert, wenn die wahrgenommenen Schwierigkeiten von Aufgaben- oder Problemstellungen die eigenen perzipierten Fähigkeiten nicht übermäßig übersteigen, jedoch noch genügend adäquate Herausforderungen bestehen. Grob voneinander unterschieden werden Formen und Ausprägungen intrinsischer und extrinsischer Motivationen bei Kindern. Unter intrinsischer Motivation bei Lernenden wird dann gesprochen, wenn die Auseinandersetzung mit Lerninhalten um ihrer selbst willen, d.h. zum Beispiel aus einem speziellen Interesse an einem Unterrichtsfach heraus erfolgt. Extrinsisch motiviert sind Schülerinnen und Schüler dann, wenn die Intensitäten ihrer Anstrengungen beim Lernen auf spezifische äußere Anreize, wie zum Beispiel das Erlangen guter Zeugnisnoten, zurückzuführen sind.

Theoretisch ist bisweilen davon auszugehen, dass Kinder im Laufe ihrer Grundschulzeit im Vergleich zu älteren Schülerinnen und Schülern im Bereich der Sekundarstufe noch von innen heraus, d.h. intrinsisch motiviert sind, für Unterrichtsinhalte begeistert werden können und überwiegend hohe Lernfreude bekunden.

In der SCHOLASTIK-Studie (vgl. Weinert/Helmke 1997), die Anfang der neunziger Jahre durchgeführt wurde, ist die Lernfreude in den Unterrichtsfächern Deutsch und Mathematik bei den an den Untersuchungen beteiligten Kindern im Längsschnitt von der Vorschul- bis zum Anfang der Sekundarstufenzeit etappenweise untersucht worden. Die Ergebnisse verdeutlichen, dass die Lernfreude der Kinder in beiden Unterrichtsfächern zwar bereits über die Grundschulzeit hinweg abnimmt, jedoch auch am Ende noch auf einem hohen Niveau vorhanden ist (Helmke 1993, S. 81). Dabei bestehen nur schwache Zusammenhänge zwischen der Lernfreude und den jeweils erfassten Deutsch- und Mathematikleistungen bei den Kindern auf allen Schulstufen.

Die Ergebnisse aus IGLU bzw. IGLU-E untermauern diese Befunde tendenziell. Am Ende ihrer Grundschulzeit zeigen Kinder, dass ihre Lernmotivationen und ihre Neugier im Lesen, in Mathematik und in den Naturwissenschaften noch ungebrochen sind. Keine signifikanten Zusammenhänge bestehen jedoch offenbar zwischen den auf die einzelnen Lernbereiche bezogenen Lernmotivationen und Kompetenzen: Leistungsschwäche wird demzufolge von Kindern in den einzelnen Lernbereichen am Ende der Grundschulzeit kaum als demotivierend erlebt (vgl. Bos u.a. 2003).

Eine Untersuchung, die von Hellmich (2005) im Querschnitt bei Kindern des vierten Schuljahres durchgeführt wurde, stützt diese Befunde. Auch hier zeigte sich im Detail, dass Kinder zu Beginn des vierten Schuljahres über positiv ausgeprägte Interessen verfügen, die in keinem signifikanten Zusammenhang zu ihren Kompetenzen im Unterrichtsfach Mathematik standen. Als Prädiktoren für die Vorhersage von Mathematikinteressen bei Grundschulkindern gelten, so Hellmich (2005), ihre auf den Mathematikunterricht bezogenen Fähigkeitsselbstkonzepte sowie Nützlichkeitserwägungen in Bezug auf das im Mathematikunterricht Gelernte. Die Befunde verdeutlichen im Detail: Wenn Kinder über positive Selbstkonzepte ihrer eigenen mathematischen Fähigkeiten verfügen und die Einstellung vertreten, dass im Mathematikunterricht für die Alltags- und Lebenswelt Nützliches gelernt wird, sind in der Regel auch ihre Mathematikinteressen positiv geprägt.

Im Rahmen der SCHOLASTIK-Studie (vgl. Weinert/Helmke 1997) konnte zusätzlich gezeigt werden, dass das Klassenmanagement, die Klarheit und Verständlichkeit des Unterrichts sowie die Erwartungen der Grundschullehrkräfte an die Selbstständigkeit der Kinder zusammen im Mittel rund zehn Prozent an Varianz zur Vorhersage von Lernfreude bei den befragten Kindern erklärten. Der Unterrichtsstil von Lehrerinnen und Lehrern scheint auf dem Hintergrund dieser Befunde ein wesentlicher Prädiktor für die Entwicklung von Lernfreude bei Kindern im Grundschulunterricht zu sein. Eine Studie von Hartinger (1997) untermauert diesen Befund in Ansätzen. Im Rahmen eines experimentellen Kontrollgruppen-Designs wurden zwei Kindergruppen im dritten Schuljahr verschieden unterrichtet. Im Blickpunkt der Studie von Hartinger (1997) stand im Rahmen des Sachunterrichts das Thema »Leben am Gewässer«. Die eine Gruppe von Kindern wurde gemäß der Prinzipien Autonomieunterstützung und Selbstbestimmung unterrichtet. Sie durften bei der Auswahl der zu behandelnden Themenschwerpunkte sowie der methodischen Herangehensweise bis zu einem gewissen Grad mitbestimmen. Die andere Kindergruppe erhielt weitgehend traditionellen Unterricht. Bei diesem Untersuchungsdesign verglich Hartinger (1997) die Interessenentwicklung sowie den Kompetenzgewinn. Prä- und postexperimentell beantworteten die Kinder anhand standardisierter Erhebungsinstrumente einige Fragen zu ihren Interessen am Sachunterricht und bearbeiteten Tests zu ihren Kompetenzen im Sachunterricht. Die Befunde aus dieser Studie zeigen zusammenfassend, dass Kinder aus Klassen mit einem ausgeprägt autonomieunterstützenden Unterricht in Bezug auf einen Interessenzuwachs und einen Lerngewinn höhere Werte als Kinder aus Klassen mit einem weniger selbst bestimmten Unterricht erzielten.

Die Ergebnisse der referierten Studien geben damit zusammenfassend Hinweise für einen Grundschulunterricht, in dem Interessen und Lernfreude bei Kindern gefördert werden können: Lehren und Lernen, das im Unterricht klar strukturiert und unter inhaltlichem Aspekt verständlich ist, Kindern gewisse Freiräume zubilligt, sie bei der Unterrichtsplanung mitbestimmen lässt, authentische Zugänge zu unterrichtlichen Frage- und Problemstellungen bereitstellt und an die Fähigkeiten und Fertigkeiten von Kindern angepasst ist, scheinen gegenwärtig besonders nachhaltig für die Entwicklung von Interessen, Lernfreude bzw. Lernmotivation zu sein.

Förderung selbst regulierten Lernens

Ein wesentliches Ziel der Grundschularbeit ist, Schülerinnen und Schüler in den ersten Schuljahren zu befähigen, das Lernen selbst »in die Hand« zu nehmen, sich selbstständig Ziele bei der Anfertigung von Aufgaben zu setzen und Problemstellungen im Unterricht auch dann erfolgssicher anzugehen, wenn auf den ersten Blick keine Lösungsideen parat sind. Aus unserer Sicht ist es notwendig, Kinder fortwährend im Bereich selbst regulierten Lernens zu fördern, um Lernen bereits im Grundschulalter, d.h. von Anfang an besonders ergiebig und effektiv gestalten zu können.

Unter Selbstregulation versteht man dabei all diejenigen Fähigkeiten unter metakognitivem und motivationalem Aspekt, die auf der Verhaltensebene aktiv in den eigenen Lernprozess eingreifen (vgl. Gürtler 2003, S. 6). Eine sehr präzise, dieses Verständnis von selbst reguliertem Lernen stützende Definition bietet Schreiber (1998, S. 12): »Lernen kann dann als selbstreguliert beschrieben werden, wenn der Lerner seine Lernhandlung ›selbst reguliert‹, d.h. unter Einbeziehung von Informationen über seinen augenblicklichen Ist-Zustand Maßnahmen ergreift, die sein Lernen auf einen Soll-Zustand ausrichten.« Ein theoretisches Modell, das diese Überlegungen in Hinblick auf selbst reguliertes Lernen im Detail ausdifferenziert und für die Unterrichtspraxis in besonderer Weise handhabbar macht, ist das Modell von Boekaerts (1999). Folgt man diesem Modell, so werden unter selbst reguliertem Lernen all diejenigen Kompetenzen gefasst, die (a) die Regulation des Selbst, (b) die Regulation des Verarbeitungsmodus und (c) die Regulation des Lernprozesses betreffen.

Die *Regulation des Verarbeitungsmodus* ist dabei gekennzeichnet durch die Wahl kognitiver Strategien der Informationsverarbeitung sowie durch das Wissen um deren Wert und Nutzen. Strategien sind dabei entweder bereichsspezifisch oder eher allgemeiner Natur. So werden Kinder beispielsweise in den einzelnen Unterrichtsfächern verschiedene Strategien parat haben, um spezifische Problemstellungen adäquat bearbeiten zu können. Eher allgemeine Strategien betreffen hingegen die Art und Weise, wie Schülerinnen und Schüler sich zum Beispiel Unterrichtsinhalte vor einer Klassenarbeit einprägen oder sich gedanklich Stützen schaffen. Strategien werden dabei häufig unbewusst eingesetzt, sie sind in der Regel automatisiert. Artelt, Demmrich und Baumert (2001, S. 272) erklären in diesem Zusammenhang: »Unter einer Strategie in diesem Sinne versteht man eine prinzipiell bewusstseinsfähige, häufig aber automatisierte Handlungsfolge, die unter bestimmten situativen Bedingungen aus dem Repertoire abgerufen und situationsadäquat eingesetzt wird [...]. Idealerweise steht ein breites Repertoire an Strategien zur Verfügung, aus dem Lernende situationsangemessen auswählen.« Voneinander unterscheiden lassen sich bei der Regulation des Verarbeitungsmodus gemäß Boekaerts (1999) zwei verschiedene kognitive Strategien, die von Kindern aktiviert werden. Dies sind Elaborations- und Wiederholungsstrategien. Elaborationsstrategien werden von Lernenden genutzt, wenn es darum geht, Lerngegenstände zu verstehen und Bedeutungen dessen, was im Unterricht gelernt wird, zu explizieren. Für das Unterrichtsfach Mathematik bedeutet dies, dass Kinder bei der Bearbeitung von Mathematikaufgaben beispielsweise Formeln und Regeln in Hinblick auf das Verständnis hinterfragen oder Verknüpfungen zu bereits behandelten Aufgabenformaten herstellen. Wiederholungsstrategien werden dann eingesetzt, wenn für Lernende weniger das Verständnis der Unterrichtsinhalte zentral ist und eher darauf fokussiert wird, den Unterrichtsstoff möglichst präzise zu speichern, d.h. auswendig zu lernen. Auf den Mathematikunterricht bezogen würden diese Strategien vornehmlich dann bei Kindern eingesetzt werden, wenn es beispielsweise vor Klassenarbeiten gilt, sich möglichst rasch mathematische Formeln einzuprägen, um sie am nächsten Tag in der Prüfungssituation parat zu haben.

Unter der *Regulation des Lernprozesses* werden in der Literatur Strategien unter metakognitivem Aspekt verstanden. Hierzu zählen die Planung des Lernziels und der Mittel, die zur Zielerreichung notwendig sind, die Überwachung, z.b. des Lernfortschritts, die Steuerung, z.b. durch Veränderung der Mittel, sowie die Evaluation, d.h. die Bewertung der Zielerreichung. Boekaerts (1999) nennt diese Facetten selbstregulierten Lernens Kontrollstrategien. Im Deutschunterricht sind metakognitive Strategien anzuwenden, wenn es zum Beispiel darum geht, literarische Texte oder Schriften, die den Erwerb und Gebrauch von Informationen stützen, zu erarbeiten. Um das Verständnis beim Lesen zu kontrollieren, kann es für verschiedene Kinder erleichternd sein, im Text Randnotizen anzufertigen, mit Textmarkern zu arbeiten oder kurze Zusammenfassungen einzelner Passagen zu schreiben.

Unter der *Regulation des Selbst* wird schließlich die Wahl von Zielen und Ressourcen verstanden. Dies betrifft im Besonderen motivationale Faktoren bei Lehr- und Lernprozessen, nämlich die Fähigkeiten von Lernenden, »sich selbstständig Ziele zu setzen, sich selbst zu motivieren und Erfolge und Misserfolge angemessen zu verarbeiten« (Artelt u.a. 2001, S. 273). Im Detail bedeutet dies, bei der Bearbeitung von Aufgaben- oder Problemstellungen, beim Zuhören von Lehrerinnen- oder Lehrervorträgen oder längeren Klassengesprächen, geduldig weiterzuarbeiten oder zuzuhören, auch wenn nicht alles auf Anhieb verstanden wird. Als weitere Voraussetzungen lassen sich unter der »Regulation des Selbst« Mechanismen fassen, die das Aufrechterhalten der Motivation unter instrinsischem und/oder extrinsischem Aspekt, die Abschirmung von Lernvorgängen gegen konkurrierende Handlungsintentionen, d.h. volitionale Aspekte beim Lernen, die Misserfolgsbewältigung sowie Selbstwirksamkeitsüberzeugungen und das Anstrengungsmanagement betreffen. Folgt man Artelt u.a. (2001, S. 273), so stellen diese Aspekte Voraussetzungen dafür dar, »dass Lernprozesse überhaupt begonnen und ausgeführt werden«. Besonders Erfolge und Misserfolge bei zeitlich vorausgegangenen Lehr- und Lernsituationen gelten dabei im Bereich der Motivationsforschung als wichtige Informationsquellen für Zieladaptionen bei Lehr- und Lernprozessen.

Zurzeit wissen wir wenig über Möglichkeiten und Grenzen der Förderung von Selbstregulationen im Grundschulunterricht. Das von Boekaerts (1999) entwickelte Modell bietet für den Grundschulunterricht klar definierte Anknüpfungspunkte: So lassen sich die einzelnen Ebenen des Modells, inklusive ihrer einzelnen Bestandteile, sozusagen als Checklisten bei der Förderung selbstregulierter Fähigkeiten bei Kindern verwenden. Als besonders ergiebig gilt dabei, Kindern zu erbrachten Leistungen persönliches Feedback zu geben, damit es ihnen gelingen kann, ihre eigenen Stärken und Schwächen einschätzen und realitätsbezogene Selbstkonzepte ihrer eigenen Fähigkeiten aufbauen zu können. Im Bereich der Lernstrategien kann es unseres Erachtens sinnvoll sein, mit Kindern über eingesetzte Strategien zu sprechen, Erfolg versprechende und weniger effektive Strategien in Gesprächen mit Kindern zu thematisieren und sie schließlich anhand konkreter Aufgaben- oder Problemstellungen zu erproben.

Lehren und Lernen

Das Handlungsfeld »Grundschule« ist durch drei zentrale Aufgaben – Erziehung, Bildung sowie Unterstützung bei Sozialisationsprozessen – gekennzeichnet. Im Folgenden richten wir unser Augenmerk auf Bildungsprozesse bei Kindern und im Besonderen darauf, wie diese durch geeignete Lehr- und Lernprozesse und Lehr- und Lernarrangements unterstützt werden können. Den Ausgangspunkt unserer Ausführungen stellen dabei veränderte Bedingungen des schulischen Lehrens und Lernens dar, auf die im Detail intra- und international vergleichende Schulleistungsstudien der letzten Jahre aufmerksam gemacht haben.

Bedingungen schulischen Lehrens und Lernens

Die Ergebnisse aus der Internationalen Grundschul-Lese-Untersuchung (IGLU; vgl. Bos u.a. 2003) werfen ein neues Licht auf das Lehren und Lernen in der Grundschule. Im internationalen Vergleich zeigte sich, dass der Zusammenhang zwischen sozialer und sprachlich-kultureller Herkunft mit den Schulleistungen bei Kindern des vierten Schuljahres in keinem anderen Land so groß ist wie in Deutschland. Im Detail bedeutet dies: Kinder aus sozialschwachen Familien und/oder mit Migrationshintergrund und damit einhergehenden sprachlichen (Verständnis-) Problemen erzielen bei den in IGLU eingesetzten Leistungstests weitaus schlechtere Leistungen in den einzelnen Lernbereichen als ihre Klassenkameradinnen und -kameraden (vgl. Schwippert/Bos/Lankes 2003, S. 283ff.). Es zeigt sich dabei, dass insgesamt rund 35 Prozent der Kinder in Deutschland zwei- oder sogar mehrsprachig aufwächst. Des Weiteren verdeutlichen die Befunde aus IGLU bzw. IGLU/E, dass bis zu zwanzig Prozent der befragten Schülerinnen und Schüler am Ende des vierten Schuljahres nicht über elementare Kenntnisse und Fähigkeiten in den einzelnen getesteten Lernbereichen verfügen und als Risikokinder in Bezug auf den Kompetenzerwerb in den einzelnen domänenspezifischen Lernbereichen gelten. Demgegenüber zeigt sich, dass nur wenige, d.h. in der Regel ca. zehn Prozent der an der Studie beteiligten Kinder über ausgezeichnete Kenntnisse und elaborierte Kompetenzen im Lesen, in Mathematik und in den Naturwissenschaften verfügen. Die im Kontext von IGLU bzw. IGLU-E veröffentlichten Befunde weisen zusammenfassend darauf hin, dass zwar ein Großteil der befragten Schülerinnen und Schüler, nämlich rund drei Viertel der Population, über solide Kompetenzen in den einzelnen Lernbereichen verfügt, sie lassen aber ebenso vermuten, dass die übrigen Kinder, vor allem die Leistungsschwächeren einer besonderen Förderung bedürfen. Diese Forderung gewinnt auf dem Hintergrund der in 2004 von der Kultusministerkonferenz (KMK 2004a/b) verabschiedeten Bildungsstandards für den Primarbereich an besonderer Relevanz. Im Vergleich zu den bislang gültigen Lehrplänen bzw. Rahmenrichtlinien werden bei den Bildungsstandards Kompetenzen beschrieben, die Schülerinnen und Schüler am Ende ihrer Grundschulzeit in Deutsch und Mathematik erworben haben sollten. Die Standards definieren dabei ein mittleres Niveau in Bezug auf inhaltliche und anforderungsbezogene Aspekte, das von *allen* Kindern am Ende der vierten Klassenstufe erreicht werden sollte (vgl. KMK 2004a/b). Auf dem Hintergrund dieser Entwicklungen stellt sich die Frage nach Lehr- und Lernarrangements, die geeignet sind, den Kompetenzaufbau bei Kindern zu befördern und Stützstrukturen für Kinder mit besonderem Förderbedarf zu bieten.

Grundschuldidaktik und Lehr- und Lerntheorien

Die Grundschuldidaktik als Didaktik der Lernbereiche und Fächer hat zwei Diskussionsstränge zusammenzuführen, nämlich grundschuldidaktische Überlegungen und Forschungsergebnisse aus lehrlernpsychologischer resp. entwicklungspsychologischer Perspektive.

Weinert (1930–2001) stellte heraus, dass durch die Kenntnis der Gesetzmäßigkeiten des menschlichen Lernens noch nicht automatisch Kenntnisse für die Bereitstellung und Optimierung von Lernbedingungen vorhanden seien (vgl. Weinert 1974, S. 741). Eine Theorie des Unterrichts habe diejenigen Erfahrungen zu bestimmen, die im Individuum Voraussetzungen zum Lernen schaffe; sie müsse festlegen, wie ein größerer Wissensbereich strukturiert werde, die einzelnen Schritte definieren, in denen ein Wissensstoff am effektivsten gelernt wird, und Arten und Bedingungen der Bekräftigung des Lernens nennen. Weinert zeigte, dass psychologische Theorien und empirische Forschung nicht automatisch unterrichtsrelevant sind. Die Komplexität des Unterrichts werde oftmals nicht hinreichend erfasst, und Bedingungs-Wirkungs-Zusammenhänge würden vorschnell vereinfacht (Weinert 1974, S. 746). Nach Weinert hat die Schule die Aufgabe der Förderung des kognitiv bedeutungsvollen Lernens (Verfügbarkeit wichtiger Begriffe, Entwicklung einer kognitiven Struktur, Fähigkeit zum Problemlösen, Entwicklung eines Verständnisses von Zusammenhängen). Didaktische Analysen des Unterrichts könnten nicht auf lernpsychologische Gesetzmäßigkeiten reduziert werden, und lernpsychologische Überlegungen müssten das komplexe Bedingungsgefüge des Unterrichts berücksichtigen. »Lehren stellt in gewisser Hinsicht immer einen Vermittlungsversuch zwischen der Struktur des zu lernenden Gegenstandes und der jeweiligen Struktur des Lernenden bzw. des Lernens dar.« (Weinert 1974, S. 800)

Psychologische Theorien des Lehrens und Lernens

Voneinander unterscheiden lassen sich – folgt man Reinmann-Rothmeier und Mandl (2001) – aus psychologischer Sicht zwei verschiedene Auffassungen des Lehrens und Lernens: Die beiden Autoren stellen einem kognitivistisch geprägten, d.h. lehrtheoretischen Blick auf schulische Lehr- und Lernprozesse eine eher konstruktivistisch orientierte Perspektive gegenüber. Sie generieren auf diese Weise einen eigenen Ansatz, der die beiden puristischen Extreme miteinander vereint. Reinmann-Rothmeier und Mandl (2001) unterscheiden dabei die Begriffe Unterricht und Lernumgebung: »Mit *Unterricht* sind [...] solche Situationen gemeint, in denen mit pädagogischer Absicht und in organisierter Weise innerhalb eines bestimmten institutionellen Rahmens von professionell tätigen Lehrenden Lernprozesse initiiert, gefördert oder erleichtert werden. [...] Eine durch Unterricht hergestellte *Lernumgebung* besteht aus einem Arrangement von Unterrichtsmethoden, Unterrichtstechniken, Lernmaterialien, Medien« (Reinmann-Rothmeier/Mandl 2001, S. 603f.). Zunächst stellen wir beide Grundpositionen zum Lehren und Lernen aus psychologischer Sicht vor. Im Anschluss daran skizzieren wir eine als gemäßigt bezeichnete Form des Konstruktivismus und führen im Anschluss daran einige Anmerkungen und Kritikpunkte in Bezug auf die vorgestellten Lehr- und Lerntheorien aus didaktischer Sicht vor.

Lehren und Lernen aus kognitivistischem Blickwinkel

Bei der kognitivistisch orientierten Auffassung vom Lehren und Lernen wird der Wissens- und Kompetenzerwerb als streng regelhaft ablaufender Prozess der Informationsverarbeitung verstanden. Er lässt sich klar beschreiben und demzufolge auch erfolgreich steuern. Optimale Lernumgebungen sind gemäß diesem Ansatz so zu gestalten, dass die im Lehrplan festgehaltenen Inhalte möglichst systematisch und organisiert dargeboten werden. Als typische Merkmale nennen Reinmann-Rothmeier und Mandl (2001) systematisch-schrittweises Vorgehen, Frontalunterricht, strenge Fächergrenzen und strikte Lernerfolgskontrollen. Kognitivistisch geprägte Lehr- und Lernarrangements basieren dabei auf dem Grundsatz, den Lehr- bzw. Lerngegenstand als ein fertiges System zu vermitteln. Aus diesem Grund wird in diesem Zusammenhang auch vielfach von gegenstandszentrierten Lernumgebungen gesprochen. Im Vordergrund des Lehrens und Lernens stehen Fragen nach der Planung, Organisation und Steuerung des Unterrichts mit dem Ziel, Lernenden die präsentierten Wissensinhalte in ihrer Systematik verständlich darzubieten. Für Schülerinnen und Schüler ist es nicht mehr notwendig, den dargebotenen Lernstoff zu strukturieren, Lernen verläuft im Wesentlichen rezeptiv. Die Lehrperson fungiert dabei als »didactic leader«, präsentiert und erklärt Wissensinhalte, leitet die Schülerinnen und Schüler an und überwacht dabei etwaige Lernfortschritte. Die Evaluation des Lehr- bzw. Lernerfolgs erfolgt dabei systematisch im Sinne einer Lernerfolgskontrolle. Es wird geprüft, zu welchen Lernergebnissen die eingesetzten Instruktionsstrategien und -methoden geführt haben. Als Vorläufer und Vertreter dieser gegenstandszentrierten Lernumgebungen nennen Reinmann-Rothmeier und Mandl (2001) beispielsweise das Konzept des programmierten Unterrichts nach Skinner (1971), das auf der Idee des operanten Konditionierens basiert (vgl. Reinmann-Rothmeier/Mandl 2001, S. 610ff.). Unterrichten im Sinne einer kognitivistischen Position zum Lehren und Lernen ist zusammenfassend gekennzeichnet durch Anleiten, Darbieten und Erklären seitens der bzw. des Lehrenden. Lernen wird demzufolge als ein vorrangig rezeptiver Prozess verstanden (vgl. kritisch Aebli 2001).

Lehren und Lernen aus *konstruktivistischem Blickwinkel*

Die konstruktivistisch orientierte Auffassung basiert im Wesentlichen auf den erkenntnistheoretischen Grundlagen des radikalen Konstruktivismus. Demgemäß beruhen alle Wahrnehmungen eines Menschen auf Konstruktionen und Interpretationen seiner Umwelt. Wirklichkeit ist dabei in erster Linie ein konstruktiv konstruiertes Phänomen (vgl. Gerstenmaier/Mandl 1995). Besonders im Bereich der Pädagogischen Psychologie haben sich einzelne Vertreterinnen und Vertreter die Erkenntnisse dieser konstruktivistisch geprägten Sicht in den letzten Jahren zu Eigen gemacht und auf Prozesse des Lernens und Denkens bezogen (vgl. kritisch: Terhart 1999; 2005; Kiper/Mischke 2004). In Bezug auf die Entwicklung adäquater Lehr- und Lernarrangements liegt hierbei die Annahme zu Grunde, dass Wissen stets eine individuelle Konstruktion und Lernen immer ein aktiver konstruktiver Prozess in einem bestimmten Handlungskontext ist. Im Sinne konstruktivistischer Überlegungen müssen Lernenden demzufolge Situationen angebo-

ten werden, in denen eigene Konstruktionsleistungen kontextge-
bundenen ermöglicht werden. In diesem Zusammenhang sprechen
einige Vertreterinnen und Vertreter dieses Ansatzes auch von situierten Lernumgebungen. Es wird auf das Ziel fokussiert, »dass die
Lernenden neue Inhalte verstehen, dass sie die erworbenen Kenntnisse und Fertigkeiten flexibel anwenden können und darüber hinaus Problemlösefähigkeiten und andere kognitive Strategien entwickeln« (Reinmann-Rothmeier/Mandl 2001, S. 615). Dabei wird
von verschiedenen Grundannahmen in Bezug auf Wissenserwerbsprozesse ausgegangen: Das Wissen in einer Gesellschaft ist immer
»geteiltes Wissen« und wird im Rahmen sozialer Transaktionen
gemeinsam entwickelt. Denken und Handeln lässt sich des Weiteren immer nur im Kontext einer konkreten sozialen Sachsituation
verstehen. Im Zentrum neuerer konstruktivistischer Ansätze zur
Lehr- und Lernforschung steht in diesem Zusammenhang beispielsweise die Bearbeitung bedeutungshaltiger, d.h. authentischer
Probleme. Wissen soll von Anfang an anwendungsbezogen erworben werden. Reinmann-Rothmeier und Mandl (2001) nennen als
historische Vorbilder für konstruktivistisch orientierte Lehr-Lern-
Arrangements zum Beispiel den *Amerikanischen Pragmatismus*
nach John Dewey (1859–1952), dessen Ansatz des »verständigen
Lernens« Bezüge zum realen, gesellschaftlichen Leben beim Wissenserwerb betont. Im Rahmen eines konstruktivistischen Para-
digmas tritt das Lehren weitgehend in den Hintergrund, im Mittelpunkt stehen die Lernenden und die ablaufenden Lernprozesse.
Lehrende richten ihr Augenmerk vielmehr darauf, wie Wissen konstruiert wird und wie Wissen und Handeln miteinander verknüpft
werden können. Zu vorgegebenen Problemstellungen liefern sie
Lernenden »Werkzeuge« und Materialien und unterstützen sie bei
Bedarf. Unterrichten bedeutet hier in erster Linie Unterstützen, Anregen und Beraten. Die Evaluation des Lernerfolgs erfolgt während
der Lehr- und Lernprozesse durch eigene Selbstevaluationen der
Kinder. Lernen als konstruktivistischer Prozess fokussiert damit zusammenfassend auf die aktive Position des Lernenden und die re-
aktive Position des Lehrenden.

Lehren und Lernen durch Instruktion und Konstruktion

Besonders in den letzten Jahren wurde besonderes Augenmerk auf die Entwicklung so genannter moderat-konstruktivistischer Lernumgebungen gelegt, die von Reinmann-Rothmeier und Mandl (2001) auch als problemorientierte Lernumgebungen beschrieben werden. Diese Lernumgebungen sollen helfen, beide Ansätze zum Lehren und Lernen miteinander zu versöhnen. Der Forderung nach einem aktiven, konstruktiven, sozialen, selbst gesteuerten und situativen Wissenserwerb soll ebenso nachgekommen werden wie einem Lehren im Sinne von Anregen, Unterstützen, Beraten sowie Anleiten, Darbieten und Erklären. Fokussiert wird dabei auf einen Wechsel zwischen einer vorrangig aktiven und zeitweise rezeptiven Position der Lernenden und zugleich einem situativen Wechsel zwischen einer reaktiven und aktiven Position des Lehrenden (vgl. Gerstenmeyer/Mandl 1995; Reinmann-Rothmeier/Mandl 2001). Im Gegensatz zu den beiden zuvor präsentierten eher puristischen Positionen wird nach der Passung der jeweiligen Lernumgebung zum angestrebten Lernen gefragt. »Konstruktion und Instruktion lassen sich nicht nach dem Alles-oder-nichts-Prinzip realisieren. Lernen erfordert zum einen immer Motivation, Interesse und Eigenaktivität seitens der Lernenden und der Unterricht hat die Aufgabe, diese Konstruktionen anzuregen und zu ermöglichen. Lernen erfordert zum anderen aber auch Orientierung, Anleitung und Hilfe. Ziel muss es folglich sein, eine Balance zwischen expliziter Instruktion durch den Lehrenden und konstruktiver Aktivität zwischen den Lernenden zu finden.« (Reinmann-Rothmeier/Mandl 2001, S. 627) Auf der Grundlage des Verständnisses von Problemorientierung als Gestaltungsprinzip des Unterrichts stellen Reinmann-Rothmeier und Mandl (2001, S. 627) fünf Leitlinien auf: Lernende sollen (1) situiert und anhand authentischer Probleme, (2) in multiplen Kontexten, (3) unter multiplen Perspektiven, (4) in einem sozialen Kontext sowie (5) mit instruktionaler Unterstützung lernen (vgl. Reinmann-Rothmeier/ Mandl 2001, S. 627f.).

Lernen in institutionalisierten Kontexten

Beim Lehren und Lernen im Grundschulunterricht stellt sich zunächst die Frage nach Kriterien für die Auswahl von Unterrichtsinhalten unter bildungstheoretischer Perspektive und unter einer Perspektive des systematischen Wissensaufbaus. Dann stellt sich die Frage nach den Lernprozessen, die durch den Grundschulunterricht anzulegen sind.

Eine Theorie des Unterrichts habe, so Weinert (1974), diejenigen Erfahrungen zu bestimmen, die im Individuum Voraussetzungen zum Lernen schaffe, sie müsse festlegen, wie ein größerer Wissensbereich strukturiert werde, die einzelnen Schritte definieren, in denen ein Wissensstoff am effektivsten gelernt wird und Arten und Bedingungen der Bekräftigung des Lernens nennen. Die Schule habe dabei die Aufgabe der Förderung des kognitiv bedeutungsvollen Lernens. Dies betrifft die Verfügbarkeit wichtiger Begriffe, die Entwicklung einer kognitiven Struktur, Fähigkeiten zum Problemlösen sowie die Entwicklung eines Verständnisses von Zusammenhängen. Dieser umfassende Anspruch wird in den Überlegungen von Reinmann-Rothmeier und Mandl (2001) aus einer grundschulpädagogischen Perspektive – aus unserer Sicht – noch nicht hinreichend eingelöst. Im Wesentlichen fehlt die Unterscheidung zwischen der Sachstruktur des Inhalts und der Lernstruktur, die durchdacht werden muss, damit der Lernprozess der Schülerinnen und Schüler – durch verschiedene Lehr- und Lernarrangements – angemessen gefördert werden kann. Der Begriff des Lehrens muss im Hinblick auf die Aufgabe, unterrichtliche Prozesse zu gestalten, erweitert werden (vgl. die Hinweise in der Integrativen Didaktik bei Kiper/Mischke 2004; 2006). Bezogen auf den Begriff des Lernens werden keine Prüfkriterien dafür genannt, dass das Lernen sachlich angemessen erfolgt und ein Sachverhalt richtig angeeignet wird. Auch wenn wir ausführlich auf die Entwicklung kindlicher Vorstellungen in verschiedenen Domänen eingingen, so sind wir doch davon überzeugt, dass aus fachdidaktischer Perspektive darüber nachgedacht wird, wie angemessene und richtige Vorstellungen durch passende Lernprozesse aufgebaut werden können (vgl. Kiper/Mischke 2004, S. 165ff.).

Ein weiterer Kritikpunkt an den lehr-lern-theoretischen Überlegungen gemäß Reinmann-Rothmeier und Mandl (2001) betrifft die Überbetonung von individuellen Eingangsvoraussetzungen und Lernformen bei Kindern, besonders bei gemäßigten Formen konstruktivistischer Lehr- und Lernformate: Das komplexe Verhältnis von Lehren und Lernen unter institutionellen Bedingungen wird augenscheinlich zugunsten einer einseitigen Auseinandersetzung mit Lernen verkürzt: »Aus dieser Perspektive wird die Didaktik auf eine Theorie selbstbestimmten Lernens reduziert.« (Apel 2005, S. 44) Dabei wird die Rolle der Lehrkraft entweder völlig negiert oder darauf reduziert, Lernumgebungen zu gestalten und zu beraten, anzuregen und zu unterstützen. Natürlich gehört zu dem umfassenden Bildungsauftrag der Grundschule die Förderung übergreifender Fähigkeiten, wie zum Beispiel solcher Interessen, die es Kindern ermöglichen, am gesellschaftlichen Leben partizipieren zu können. Würde jedoch *nur* auf Bedürfnisse oder Motivationen der Kinder abgehoben, unabhängig von den zu erlernenden Inhalten, würde der komplexe Zusammenhang von Lehren und Lernen unter der Leitorientierung der Bildung unzulässig auf Fragen des individuellen Lernens reduziert. Auf dem Hintergrund einer schul- und unterrichtskritischen Position wird dann die notwendige »Übernahme vorhandenen Wissens und erprobter Techniken [...] zu einer unbilligen Forderung an die nachwachsende Generation« (Apel 2005, S. 44). Folgt man Herzog (2005), so muss man in der Schule auch das lernen, was man nicht braucht und wofür man sich nicht interessiert. »Es ist ein Lernen für alle Fälle.« (Prange 1989, S. 235) Lernen in der Schule geschieht in der Absicht, »über die wahre Beschaffenheit der Wirklichkeit aufgeklärt zu werden« (Herzog 2005, S. 123). Unter pädagogischer Perspektive ist Lernen »kein neutraler Prozess der Verhaltensänderung, sondern ein Bildungsprozess, der einem normativ begründeten Ideal zustrebt. Lernen im pädagogischen Sinn ist Lernen von etwas.« (Herzog 2005, S. 118) Lernen wird dem Lehren unterworfen und in den Dienst von Erziehungs- und Bildungszielen gestellt. Zugleich wird Lernen auf den Kontext der Schule bezogen. Lernen in der Schule abstrahiert vom Alltag, von der Lebensgeschichte und aktuellen Motiven. In der Grundschule geht es darum, das Lernen unter institutionellen

Bedingungen und unter dem Fokus seiner Lenkung durch Lehren in den Blick zu nehmen und mit dem Ziel der Mündigkeit zu gestalten. Schulisches Lernen findet in der Regel »in einem Klassenzimmer mit einer größeren, leistungsmäßig heterogen zusammengesetzten Gruppe von [...] Schülern unter der Verantwortung eines professionellen Lehrers im Hinblick auf staatlich vorgegebene Lernziele und standardisierte Kriterien der Leistungsbewertung statt« (Weinert 1996, S. 36). Ziel des Unterrichts ist es auch, eine solide Wissensbasis aufzubauen. Dazu sind fachspezifisch Kenntnisse des Lehrers und ein Nachdenken über den Lehrstoff und das Curriculum ebenso unverzichtbar wie ein Nachdenken über den Lernprozess und den Aufbau kognitiver Strukturen durch die Gestaltung des Unterrichts (vgl. Kiper/Mischke 2006). Daher erscheinen uns die Überlegungen Weinerts über einen entwicklungsorientierten Grundschulunterricht heute noch angemessen.

Entwicklungsgemäßer Grundschulunterricht

Weinert (1974) hat sehr früh Überlegungen für einen lernförderlichen Unterricht entwickelt und dieses Konzept zur Grundlage seiner Überlegungen für einen entwicklungsgemäßen Grundschulunterricht gewählt (1980). Voraussetzung für angemessenes Lehren ist eine genaue Beschreibung der Lernziele, die Berücksichtigung der individuellen Lernvoraussetzungen und die Auswertung der mit bestimmten Unterrichtsmethoden erzielten Lernleistungen. In seinen Vorschlägen zur Planung und Durchführung des Unterrichts in acht Schritten (Angabe der Lernziele – Bestimmung der individuellen Lernvoraussetzungen – Angleichung der Lernvoraussetzungen vor Beginn des eigentlichen Lernprozesses – Analyse der Lernaufgabe – Motivierung der Lernenden – Steuerung und Unterstützung des Lernvorgangs durch geeignete Instruktionsverfahren – Erfassung der Lernergebnisse durch lernzielorientierte Tests – zur Verfügung Stellen zusätzlicher Lernzeit – zusätzliche Lernhilfen bei Nichterreichen des Lernziels) betonte er, dass die äußeren Lernbedingungen und Hilfen sich unterscheiden müssen je nach Art der erforderlichen Lernprozesse (1974, S. 812). Für ihn sind, neben der

Diagnose der individuellen Lernvoraussetzungen der Schüler/innen, die Analyse der Lernaufgaben und die Motivierung der Schüler bedeutsam. Die Auseinandersetzung der Lehrkraft mit den Lernzielen soll helfen, ihre Unterrichtsabsichten zu präzisieren. Lernzieltaxonomien helfen beim Erschließen, Systematisieren und Hierarchisieren möglicher Lernziele. Die Lehrkraft soll sich mit den Lerninhalten und ihren potenziellen Bildungswirkungen auseinandersetzen. Weinert fordert einen Unterricht, der konsequent individualisiert. Auch die Lerninhalte sind in Basiscurricula und Differenzierungscurricula zu unterscheiden. Er will zunächst die Lernvoraussetzungen der Schülerinnen und Schüler (Intelligenz, aufgabenrelevante Vorkenntnisse und Fähigkeiten, Präferenzen für Unterrichtsinhalte und Unterrichtsstile) durch diagnostische Verfahren erfassen. Interindividuelle Unterschiede in den Lernvoraussetzungen der Schülerinnen und Schüler sollen (vor Beginn des eigentlichen Unterrichts) durch zusätzlichen Unterricht und Verfahren der Individualisierung abgebaut werden. Weinert plädiert für eine Analyse der Lernaufgaben. Sie sind inhaltlich zu erfassen, bezogen auf die enthaltenen Lernzielkomponenten differenziert zu bestimmen, die notwendigen Kenntnisse und Fähigkeiten und die typischen Lernprozesse zur Lösung der Aufgaben sind zu beschreiben. Neben der Motivierung der Schüler/innen sind ihre jeweiligen Lernprozesse zu unterstützen, die Lernbedingungen und Hilfen sind auf die jeweiligen Lernprozesse abzustellen. Weinert betont die Bedeutung der Diagnose der Lernergebnisse durch die kontinuierliche, möglichst informelle Überprüfung des individuellen Lernfortschritts. Für schwächere Schülerinnen und Schüler sind Zusatzunterricht und zusätzliche Lernschleifen anzubieten. Als Mittel der Instruktionsoptimierung nennt er das Einstellen der Lernenden auf die Lernaufgabe (advance organizer), das Verbinden von aufnehmend-rezeptiven und entdecken lassenden Lernverfahren, das Erhalten und Fördern aufgabenbezogener Aktivitäten, das Entdecken von Sinn, Üben und kurzschrittige Rückmeldungen über den Lernerfolg.

Basierend auf seinem Modell individualisiert ausgerichteten Unterrichts, konzipierte er einen entwicklungsgemäßen Grundschulunterricht, bei dem auf der Grundlage sachlogischer Lernhie-

rarchien, das Vorhandensein und die Verfügbarkeit von Vorkennt-
nissen der Schülerinnen und Schüler überprüft werden. Er schlägt
vor, eine Schwierigkeitsanalyse der jeweiligen Lernaufgabe zum
Zwecke der Anpassung der Lehrmethode an die Lernvoraussetzungen der Kinder vorzunehmen (vgl. Weinert 1980, S. 216ff.). Die
Aufgabe der systematischen Unterweisung in der Grundschule »besteht darin, (a) die Lehrziele, Aufgabenstellungen und Unterrichtsmethoden dem kognitiven Entwicklungsstand der Schülerin
bzw. des Schülers anzupassen; (b) die innerhalb einer bestimmten
Entwicklungsphase verfügbaren Erkenntnis- und Handlungsmöglichkeiten [...] auszugestalten; (c) entwicklungshemmende Erfah-
rungsdefizite der Kinder zu kompensieren und (d) die kognitive
Entwicklung behutsam zu fördern« (Weinert 1980, S. 218). Entwicklung wird besonders gut durch Unterricht in verschiedenen
Lernbereichen oder Fächern der Grundschule gefördert. Weinert
schlägt Lernaufgaben vor, »die im Schwierigkeitsgrad geringfügig
oberhalb des kindlichen Entwicklungsstandes liegen und auf diese
Weise eine Herausforderung für den Lernenden darstellen und
zugleich gute Chancen bieten, unter Einsatz variabler Anstrengung
gelöst zu werden, so dass die damit verbundenen Erfolgserlebnisse
die weitere Lernaktivität stimulieren« (Weinert 1980, S. 219).

Grundschulpädagogik und Lehr- und Lernforschung

Für den Bereich Grundschule liegen im deutschsprachigen Raum
mit wenigen Ausnahmen kaum aussagekräftige Untersuchungsergebnisse zur Effektivität von Lehr- und Lernumgebungen vor. Die
Grundschulforschung kann damit zum gegenwärtigen Zeitpunkt
als weitgehend defizitär bezeichnet werden (vgl. Einsiedler 1997,
Lankes u.a. 2003, S. 30). So ist zum Beispiel momentan noch unklar, inwiefern gelenkte oder eher offene Lehr- und Lernumgebungen effektiver in Bezug auf den Kompetenzerwerb bei Kindern sind.
Tendenziell kann eine fehlende Unterstützung durch Lehrerinnen
und Lehrer in eher offenen, d.h. situierten Unterrichtssituationen
zur Folge haben, dass Desorientierungen und Überforderungen besonders bei Kindern eintreten, die über weitgehend ungünstige

Lernvoraussetzungen verfügen. Diese theoretischen Überlegungen werden durch die Ergebnisse verschiedener Studien gestützt. Für den Bereich Grundschule liegt eine Studie von Möller, Jonen, Hardy und Stern (2002) vor. Die Ergebnisse dieser Untersuchung verdeutlichen, dass Lehren und Lernen in der Grundschule dann besser gelingt, wenn der Unterricht inhaltlich in Sequenzen unterteilt und durch eine geeignete Gesprächsführung strukturiert ist. Lehr- und Lernarrangements, die auf weitgehend selbst gesteuertem und damit eher komplexem Unterricht beruhen, sind strukturierten unterlegen. Wie im Bereich der Unterrichtsforschung gängig, wurde für diese Studie ein experimentelles Design gewählt. Insgesamt waren 190 Kinder aus dritten Grundschulklassen an der Untersuchung beteiligt. Dabei nahmen insgesamt 149 Kinder im Rahmen des Sachunterrichts an einer Unterrichtseinheit zum Basisverständnis der physikalischen Konzepte »Dichte« und »Auftrieb« (»Wie kommt es, dass ein Schiff schwimmt?«) teil. Ungefähr die Hälfte dieser Kinder wurde dabei nach einem konstruktivistischen Unterrichtskonzept mit einer zusätzlichen Strukturierung unterrichtet, die andere Hälfte erhielt Unterricht auf der Grundlage eines konstruktivistischen Lehr- und Lernskripts ohne Strukturierung. Die übrigen 41 Kinder stellten die Vergleichsgruppe ohne besonderen Unterricht in eben diesem Themenbereich dar. Bei dem Unterrichtsskript mit Strukturierung wurde den Schülerinnen und Schülern eine Lernumgebung präsentiert, bei der ihnen ein offenes Materialangebot offeriert wurde, anhand dessen sie eigene Ideen entwickeln und Fragen beantworten konnten. Zusätzlich nahmen sie an einem Stationenlernen teil, bei dem Anregungen für eigene experimentelle Versuche gegeben und physikalische Phänomene thematisiert wurden. Die zuständigen Lehrkräfte gaben lediglich prozessbezogene Hilfestellungen. Bei dem Unterrichtsskript mit Strukturierung wurde die Komplexität des Unterrichtsthemas verringert, indem eine Sequenzierung nach einzelnen Teilfragen erfolgte. Die Materialienangebote wurden dabei in Abgleich mit den jeweiligen Teilfragen dargeboten. Die zuständige Lehrkraft unterstützte die Kindergruppen beim Konzeptaufbau: »Sie hob z.B. widersprüchliche oder wichtige Aussagen hervor, forderte Begründungen, Überprüfungen und Anwendungen ein, verdeutlichte Erklärungen, gab prozessbezogene Hilfen und wiederholte wichtige Zusammenfassungen.« (Möller u.a. 2002, S. 181) Vor und nach der Unterrichtseinheit bearbeiteten alle an der Studie beteiligten Kinder Tests zum »Schwimmen und Sinken«. Die Ergebnisse verdeutlichen dabei, dass die Kinder der beiden Experimentalgruppen sich signifikant gegenüber den Kindern aus der Kontrollgruppe verbesserten. Im Besonderen zeigte sich, dass die Kinder, die nach einem konstruktivistischen Unterrichtskonzept mit Strukturierung unterrichtet wurden, denjenigen hinsichtlich ihres in dicsem Bereich erworbenen Wissens und Könnens überlegen waren, die nach einem rein konstruktivistischen Unterrichtsskript unterrichtet wurden. Bei einer zusätzlichen Subgruppenanalyse wurde untersucht, inwiefern Kinder mit günstigen bzw. ungünstigen Lernvoraussetzungen unterschiedlich von den beiden Unterrichtsformen profitieren. Die Befunde zeigen, dass Kinder mit guten bis sehr guten Lernvoraussetzungen von beiden Unterrichtsskripts gleichermaßen profitieren, während für Kinder mit schlechteren Voraussetzungen Unterricht mit Strukturierung von Vorteil ist.

Entwicklungsorientierter Grundschulunterricht heute

Wir wollen den von Weinert (1974, 1980) vorgelegten Rahmen eines entwicklungsförderlichen Unterrichts erweitern:

- Weinert betonte die Notwendigkeit, sich mit Unterrichtsinhalten und ihren Bildungswirkungen auseinander zu setzen. Heute wissen wir darum, dass diese Unterrichtsinhalte auch mit dem Blick auf die *Vermittlung einer ausreichenden Wissensbasis* in verschiedenen Domänen auszuwählen sind.
- Weinert betonte die Notwendigkeit einer genauen Beschreibung der Lernziele. Lernziele geben in der Regel an, was am Ende einer Unterrichtsstunde oder Unterrichtseinheit gelernt worden sein soll. Mit Blick auf Standards am Ende der Grundschulzeit stellt sich die Frage nach dem systematischen Aufbau von Wissen und Können innerhalb und außerhalb von Unterricht *über mehrere Schuljahre hinweg.*

- Die Angabe von Lernzielen, ihre hierarchische Stufung und ihre Operationalisierung zielten darauf, höherwertige Lernformen zu ermöglichen. Heute werden die Ansätze in den Schulleistungsstudien, Kompetenzen gestuft zu erfassen und auszuweisen, zur konzeptionellen Grundlage dafür, über *Prozesse zum Aufbau von Kompetenzen* nachzudenken.

- Auf dem Hintergrund entwicklungspsychologischer Ergebnisse und der Beobachtung von Stufen der Lernentwicklung wissen wir präziser als früher, worauf bei der Erfassung der Lernvoraussetzungen der Kinder eines Alters zu achten ist. Wir wissen mehr als früher über Phasen- und Stufenmodelle zum Aufbau der Fähigkeit des Lesens und Schreiben und über Stufen des Erwerbs orthographischer Strategien und können mit diesem Wissen unter einer diagnostischen Perspektive auch die individuellen Lernvoraussetzungen besser erfassen. Am Institut für Grundschulforschung in Erlangen/Nürnberg wurden Entwicklungsmodelle zur Diagnose der von Kindern verwendeten Strategien beim Lesen und Schreiben entwickelt (vgl. Helbig u.a. 2005, S. 14, 33f., 41f.). Mit Hilfe dieser Instrumente ist es möglich, Lernwege von Kindern zu diagnostizieren und festzustellen, in welchen Bereichen ein Kind welchen Stand erreicht hat und wie es beim Lernen unterstützt werden kann. Ein entwicklungsorientierter Grundschulunterricht verlangt die Fähigkeit der Lehrkräfte, den individuellen Lernstand der Kinder, z.B. die jeweiligen Lese- und Schreibstrategien, sachgemäß zu diagnostizieren und passende Lernangebote bereitzustellen (vgl. Schründer-Lenzen 2004).

- Weinert betonte die Wichtigkeit einer *Aufgabenanalyse.* Auf dem Hintergrund der Auseinandersetzung mit Aufgaben und Aufgabentypen, die in international vergleichenden Schulleistungsstudien eingesetzt wurden oder die bei Vergleichsarbeiten herangezogen werden, kann erörtert werden, auf welchem Niveau das Wissen und Können der Kinder anzulegen ist und welche grundlegenden Lernprozesse sie sicher beherrschen müssen.

- Durch eine Analyse der Sachstruktur eines Lerninhalts allein kann sinnvolles Lernen nicht angelegt werden. Notwendig ist zusätzlich eine Lernstrukturanalyse (Kiper/Mischke 2004, S. 82), die darauf zielt, den Lernweg zur Aneignung eines Inhalts und die dabei relevanten Basismodelle des Lernens, unter Berücksichtigung der Lernvoraussetzungen von Kindern, zu denken. Auf dieser Grundlage können unterschiedliche methodische Arrangements gewählt werden. Wir gehen mit Oser/Baeriswyl (2001) und Kiper/Mischke (2004, 2006) davon aus, dass es nicht reicht, eine interessant gestaltete, methodisch vielfältige Oberflächenstruktur des Unterrichts zu schaffen, sondern dass eine Passung von Methoden des Unterrichts (Oberflächenstruktur) und den anzulegenden Lernprozessen herzustellen ist. Bezogen auf die Gestaltung des Unterrichts wissen wir, dass es neben der Motivierung der Kinder und der Steuerung und Unterstützung des Lernvorganges darauf ankommt, *geeignete Lernarrangements* bereitzustellen, die passend sind zu Basismodellen des Lernens.

- Weinert betont die Wichtigkeit der Überprüfung der Lernprozesse der Kinder. Wir unterscheiden mit Kiper/Mischke (2004; 2006) zwischen *Prozessen des Monitoring* im Sinne einer Überwachung der Lernprozesse während des Unterrichts mit dem Ziel der Hilfe und Unterstützung, auch durch Optimierung der Instruktion oder der Verbesserung der Lernarrangements und *Prozessen des Leistungsmessens und -bewertens* mit dem Ziel der Überprüfung des Lernerfolgs des Unterrichts und der Lern- und Leistungsergebnisse der Kinder. Wir wissen, dass eine Unterscheidung notwendig ist, um Phasen des Lernens, in denen sanktionsfrei gelernt werden kann (Lernkultur) von Phasen der Leistungsüberprüfung (durch Formen der Leistungsmessung und -bewertung anhand von Tests, Klassenarbeiten und mündlichen Prüfungen) zu trennen. Nur dann ist es Schülerinnen und Schülern möglich, Unklarheiten und Unsicherheiten aufzudecken und aus Fehlern zu lernen.
- Mit Weinert betonen wir die Notwendigkeit des *Bereitstellens zusätzlicher Lernzeit* für diejenigen Kinder, die die Ziele des Unterrichts noch nicht erreicht haben. Darüber hinaus versuchen wir, durch eine angemessene Gestaltung des Unterrichts in heterogenen Lerngruppen (vgl. Kiper u.a. 2002, S. 157ff.; Kiper/Mischke 2006, S. 76ff.) eine umfassende Förderung aller Schülerinnen und Schüler im Regelunterricht herbeizuführen.

- Die Überlegungen zur *Gestaltung passender Unterrichtskonzepte* zum Lernen wurden weiter entwickelt (vgl. Weinert 2001; Gruehn 2000). Gegenwärtig werden Konzeptionen strukturierten und anleitenden Unterrichts durch erfahrungsbezogenes Lernen in verschiedenen Lernbereichen ergänzt (vgl. Helbig u.a. 2005). Dabei wird zunehmend der Gedanke der flexiblen und komplementären Nutzung verschiedener Unterrichtskonzeptionen leitend (vgl. Kiper/Mischke 2006, S. 30ff.).

Lehr- und Lernmethoden

Auf dem Hintergrund der vorgestellten unterrichtstheoretischen Überlegungen möchten wir im Folgenden Lehr- und Lernmethoden vorstellen. Wir schließen uns einer Theorie von Unterricht an, die Lernprozesse von Kindern nach Basismodellen des Lernens (Erfahrungen machen – Wissen erwerben durch Begriffsbildung – Erfassen von Sachverhalten und ihren Repräsentationen in einem mentalen Modell – Reflexion bzw. Kontemplation über Inhalte und Werte – Handeln in der äußeren Welt und mental – eine Operation ausführen – Problemlösen und Endecken – Argumentieren im Diskurs und beim Aushandeln – Gestalten und Ausdrücken durch Worte, Schrift und kreative Medien) ausrichtet und gehen davon aus, dass Lehr- und Lernmethoden passend zu den Basismodellen des Lernens zu wählen sind (vgl. Kiper/Mischke 2004, S. 77ff.). An dieser Stelle gehen wir genauer auf Formen entdeckenden und problemorientierten Arbeitens ein. Im Anschluss daran berichten wir über Möglichkeiten und Grenzen computerunterstützter Lehr- und Lernmethoden.

Entdeckendes Lehren und Lernen

Der Begriff »Entdeckendes Lernen« ist angelehnt an die englische Bezeichnung »learning by discovery« und geht im Ursprung auf den Lehr- und Lernforscher Bruner (z. B. 1961) zurück. Unter entdeckendem Lernen wird zusammenfassend eine Lernform verstanden, die auf der Hypothese basiert, »dass Lernende Information selbstständig suchen und transformieren und Wissen durch eigene Aktivitäten konstruieren« (Neber 2001, S. 115). Verorten lässt sich diese Lehr-Lern-Form dabei in einem gemäßigt konstruktivistischen Verständnis von Unterricht: »Entdeckendes Lernen bedeutet, dass Lernende Begriffe und Regeln, fachspezifische kategoriale Ordnungen und kausales Wissen durch eigene kognitive Aktivitäten aus den zur Verfügung stehenden Lernmaterialien *rekonstruieren*, nicht etwa frei erfinden.« (Neber 2001, S. 115) Die Lernform des entdeckenden Lernens kommt im Grundschulunterricht dann zur Anwendung, wenn Kinder erkennen, dass ihr bisheriges Wissen nicht ausreichend ist, um spezifische Problemstellungen zu lösen. Aus dem Lernen mit Beispielen soll es Kindern im Speziellen gelingen, sukzessive verallgemeinerbare Regeln abzuleiten. Deshalb wird entdeckendes Lernen auch häufig als induktives Lernen bezeichnet und steht in einem engen Zusammenhang mit der Förderung von Kindern im Bereich des schlussfolgernden Denkens, auf das wir später noch detaillierter eingehen werden. Bezüge zum wissenschaftlichen Denken sind dabei ebenso evident. Denn: Beim Erlernen und Verstehen verschiedener Begriffe gilt es, bei der Methode des entdeckenden Lernens Hypothesen über den zu erlernenden Begriff zu bilden und die angestellten Vermutungen darüber im Anschluss – anhand weiterer Beispiele – zu prüfen. Besonders im Kontext des Lehrens und Lernens von Mathematik hat die Form des entdeckenden Lernens in den letzten Jahren Berücksichtigung gefunden. Rechengesetze und Rechenregeln sollen von Kindern generiert werden, indem ihnen exemplarisch verschiedene Aufgabenstellungen zur Bearbeitung vorgelegt werden (vgl. z.B. Wittmann 1994). Dasselbe gilt ebenfalls für den Sachunterricht, insbesondere in Hinblick auf die Bearbeitung naturwissenschaftlicher Themen. Fokussiert wird in den einzelnen Lernfeldern weitgehend auf eigenständiges Entdecken von Sachverhalten und neuer Information durch die Kinder; allerdings gibt es aus dem Bereich der Lehr- und Lernforschung Hinweise darauf, dass problemorientiertes entdeckendes Lernen in einem hohen Maße Unterstützungs- und Lenkungsstrukturen seitens der Lehrerinnen und Lehrer bedarf, um effektiv und erfolgreich hinsichtlich der Lernziele zu sein (vgl. Hartinger 2005, S. 333; Neber 2001, S. 117). Zusätzlich ist geraten, in Lehr- und Lernsituationen Schülerinnen und Schülern Lernaufgaben und Problemstellungen mit variierendem Schwierigkeitsgrad anzubieten, um das zu erwerbende Wissen und die zu entwickelnden Kompetenzen schrittweise anzubahnen und leistungsschwächeren Kindern durch Komplexitätsreduktionen gerecht zu werden. Im Bereich der Lehr- und Lernforschung wurden in den letzten Jahren verschiedene Grundformen entdeckenden Lernens referiert. Unterschieden werden beispielsweise nach Neber (1988) Lernen (a) durch Beispiele, (b) durch Experimentieren und (c) durch Konfliktlösungen. Beim Lernen durch Beispiele sind Schülerinnen und Schüler in erster Linie dazu angehalten, Charakteristika und Merkmale eines Begriffs anhand verschiedener Beispiele induktiv zu generieren. Gelernt wird exemplarisch durch das Bilden von Hypothesen in Bezug auf einen Lernbegriff. Beim Lernen durch Experimentieren, das klassisch für den Naturwissenschaftsunterricht ist, werden Regeln und Gesetzmäßigkeiten über Sachverhalte abgeleitet, zum Beispiel so genannte Wenn-Dann-Aussagen erarbeitet. Das Lernen anhand von Konflikten gestaltet sich, indem Kinder auf ein spezifisches, unterrichtsrelevantes Problem aufmerksam gemacht werden, wobei sie angehalten sind, es in einer redlichen Weise zu lösen (vgl. hierzu auch Hartinger 2005, S. 332). Die letztere Variante entdeckenden Lernens – Lernen durch Konfliktlösung –, wie sie von Neber (1988) vorgeschlagen wird, lässt sich nicht trennscharf von der Methode des problemorientierten Lehrens und Lernens abgrenzen, wie wir im darauf folgenden Abschnitt sehen werden.

Möglichkeiten und Grenzen der Effekte entdeckenden Lernens sind im Bereich der Lehr-Lern-Forschung bereits seit Mitte der 60er-Jahre diskutiert worden. Im Bereich der Unterrichtsforschung wurde diese Lehr-Lern-Methode in Bezug auf ihre Effektivität in verschiedenen experimentellen Untersuchungen – sowohl in Laborsituationen als auch natürlichen Settings – geprüft. Zusammenfassend konnte dabei gezeigt werden, dass der Wissenserwerb bei Kindern am ehesten gelingt, wenn Formen gemäßigt gelenkter Formen entdeckenden Lernens als Lehr-Lern-Methoden zugrunde gelegt wurden.

Problemorientiertes Lehren und Lernen

Im Vergleich zu Formen entdeckenden Lernens stehen im Vordergrund problemorientierten Unterrichtens das Lehren und Lernen anhand authentischer, zumindest aber auf die Realität bezogener Probleme. Lankes (2005, S. 335) definiert die zentrale Idee des problemorientierten Lehrens und Lernens dabei wie folgt: »Ein Problem liegt vor, wenn zwischen Ist-Zustand und Ziel eine Barriere liegt, die ein sofortiges Erreichen des Ziels durch Routinehandlungen verhindert.« Gefordert werden seitens der Kinder ein hohes Maß an Eigenaktivität und -verantwortung. Es wird anhand authentischer und/oder realitätsbezogener Situationen unter Berücksichtigung multipler Perspektiven gelernt, um dem Prinzip der Situiertheit und der Forderung nach Wissenstransfer gerecht werden zu können. Zur Gestaltung problemorientierter Lehr-Lern-Umgebungen schlägt Lankes (2005) in Anlehnung an Aebli (1981) drei verschiedene Typen von Problemstellungen vor, nämlich Lückenprobleme, Widerspruchsprobleme und Komplexitätsprobleme. Lückenprobleme zeichnen sich dabei dadurch aus, dass – im klassischen Verständnis problemhaltiger Lehr- und Lernumgebungen – Anfangs- und Endzustände vorgegeben werden (»Vom Fisch zum Fischstäbchen«, u.a.). Bei Widerspruchsproblemen werden Sachverhalte dargestellt, die sich gegenseitig in einem hohen Maße widersprechen. Komplexitätsprobleme bedürfen in der Regel des Hinzuziehens verschiedener Information.

Computerunterstütztes Lernen und Lehren

Besonders im Zeitalter der neuen Medien gewinnt computerunterstützter Unterricht an Bedeutung im Kontext des Lehrens und Lernens auf der Primarstufe. Der erfolgreiche Umgang mit Computern kann mittlerweile – besonders aus antizipatorischer Sicht auf den Alltag und die Lebens- und Arbeitswelt im Allgemeinen – als Bestandteil einer grundlegenden Bildung angesehen werden. Voneinander unterscheiden lassen sich dabei nach Schorch (2005, S. 348ff.) verschiedene Formen von Computersoftware, nämlich

Lern- und Übungsprogramme, Spielprogramme, Arbeitsprogramme, wie zum Beispiel Textverarbeitungs- oder Tabellenkalkulationsprogramme, sowie Informations- und Kommunikationsprogramme. Unklar ist zum gegenwärtigen Zeitpunkt, wie die Nutzung von Computersoftware effektiv in Lehrgänge und Unterrichtseinheiten in den einzelnen domänenspezifischen Lernfeldern eingebunden werden und wie computerunterstütztes Lernen erfolgreich im Klassenverband stattfinden kann. Voneinander unterscheiden lassen sich grundsätzlich zwei verschiedene Funktionen des Einsatzes computerunterstützten Unterrichts. Einerseits sollen Kinder den Umgang mit Computern lernen, andererseits dient er als Unterstützung beim Erwerb, der Anwendung und der Festigung von Wissen, z.B. in Übungseinheiten.

Im Bereich der Lehr- und Lernforschung liegen für den Bereich des Einsatzes von Computersoftware im Grundschulunterricht kaum Studien vor, die die Effektivität dieser neuen Lehr- und Lernumgebungen stützen und unter didaktisch-methodischem Moment Anknüpfungspunkte für die Unterrichtspraxis bieten. In Untersuchungen von Hellmich und Hartmann wurde die Effektivität computerunterstützter Lehr- und Lernumgebungen im Rahmen experimenteller Kontrollgruppen-Designs im Mathematikunterricht evaluiert. An den beiden Untersuchungen (Hartmann 2000; Hellmich/Hartmann 2002), die zum einen mit Grundschulkindern und zum anderen mit Kindern mit sonderpädagogischem Förderbedarf im Bereich des Lernens durchgeführt wurden, erhielten Kindergruppen im Rahmen einer Unterrichtseinheit von fünf Unterrichtsstunden eine computerunterstützte Förderung im Bereich räumlich-geometrischer Kompetenzen. Die Kinder durften im Rahmen dieses computerunterstützten Trainings in einer weitgehend offenen Unterrichtssituation spielerisch mit den Programmen agieren. Die jeweiligen Kontrollgruppen erhielten in derselben Zeit traditionellen Arithmetikunterricht. Die Ergebnisse beider Untersuchungen verdeutlichen durch einen Prä-Posttest-Vergleich, dass ein spielerischer Umgang mit Lernsoftware im Grundschulunterricht zu keiner Verbesserung der Lernergebnisse im Bereich räumlich-geometrischer Kompetenzen führt. In einer nachfolgenden Untersuchung von Hartmann und Hellmich (2002) wurde, sowohl ein materialorientiertes als auch ein computerunterstütztes Konzept zur Förderung räumlich-geometrischer Kompetenzen im Rahmen des Mathematikunterrichts entworfen, die parallel in einem Kontrollgruppen-Design evaluiert wurden. An der Untersuchung waren insgesamt 89 Kinder der dritten und vierten Klassenstufe beteiligt, die an den sechsmonatigen Fördereinheiten teilnahmen. Im Rahmen der materialorientierten Fördereinheit wurden ca. zwanzig Kinder weitgehend handlungsorientiert zu Lagebeziehungen, räumlichen Objekten und ebenen Figuren unterrichtet. Bei der computerunterstützten Fördereinheit wurden siebzehn Kinder zu nahezu identischen Unterrichtsinhalten in einer offenen und zugleich spielerischen Unterrichtssituation gefördert. Die Kinder der Kontrollgruppe erhielten in dieser Zeit gewöhnlichen Arithmetikunterricht. Die Ergebnisse dieser experimentellen Untersuchung verdeutlichen auf der Basis eines Vor-Nachtest-Vergleichs keine signifikanten Effekte für die beiden Experimentalgruppen. Damit zeigte sich insbesondere kein Unterschied zwischen einer materialorientierten und einer computerunterstützten Förderung räumlich-geometrischer Kompetenzen.

Die Untersuchungsergebnisse dieser eben dargestellten Untersuchungsreihe dämpfen damit zusammenfassend allzu große Hoffnungen in Bezug auf Möglichkeiten des Einsatzes von Lehr- und Lernsoftware im Unterricht auf der Primarstufe. Auf Basis der Befunde ist zu vermuten, dass das computerunterstützte Lernen möglicherweise dann effektiver ist, wenn der Umgang mit Lernsoftware von Lehrkräften bis zu einem gewissen Grad strukturiert und vor allen Dingen angeleitet wird.

Mit Eltern kooperieren

In den letzten 35 Jahren wurde Eltern eine wichtige Rolle in der Schule eingeräumt. Dazu zählen wir Formen der Elternmitwirkung (Klassenelternschaften, Schulelternrat, Gemeinde- und Kreiselternräte), die in den Schulgesetzen der Länder verankert sind. Über Schullaufbahnentscheidungen wählen sie Bildungsgänge aus. Damit treffen sie Entscheidungen, die Auswirkungen haben auf die Schullandschaft. In Schulen, die über Bildungsstandards gesteuert werden und die ihre Arbeit »eigenverantwortlich« gestalten und die regelmäßig inspiziert und evaluiert werden, erhalten auch die Eltern eine neue Rolle. Sie sind in Gremien zur Steuerung der Schule (z.B. in Schulbeiräten) vertreten. Sie werden im Rahmen von Datenerhebungen der Schule (Selbstberichte), von Schulinspektoren und -evaluatoren befragt. So müssen sie zum Beispiel angeben, wie zufrieden sie mit dem Leistungsniveau und der Qualität des Unterrichts sind, inwiefern sie Informationen über die Stärken und Schwächen und die Schulleistungen ihrer Kinder erhalten und ob Hilfen für deren Verbesserung bereitgestellt werden. Auch wird erhoben, inwiefern die Schule auf Fragen und Anregungen der Eltern reagiert. So werden Formen öffentlicher Prüfung der Qualität von Schule in das Schulsystem implementiert. In verschiedenen Bundesländern wurden Initiativen zur Gestaltung eines Erziehungsbündnisses zwischen Elternhaus und Schule gestartet. Hier wird gemeinsam daran gearbeitet, eine neue Wertschätzung von Erziehung und Lernen gesellschaftlich zu verankern und zu gestalten.

Die Kooperation mit Eltern gestalten

Wenn Grundschullehrkräfte mit den Eltern kooperieren, müssen sie juristisch angemessen und in Klarheit über das eigene Amt und seine Verpflichtungen handeln; sie müssen Eltern Informationen, Beratung und Hilfe zukommen lassen, aber auch die Ressourcen von Eltern nutzen lernen, ohne Übergriffe auf die Schule und die Prinzipien ihrer Arbeit zu gestatten. Damit sind an die Lehrkräfte erhöhte Anforderungen gestellt, die Qualität des Unterrichts und der Schule auszuweisen (vgl. Kiper 2001, S. 67ff.), das eigene Handeln zu erklären, angemessen zu kommunizieren und dabei sowohl die eigene Positionen zu vertreten, als auch die Positionen der Eltern zu verstehen und Verfahren der Konfliktanalyse und Konfliktbearbeitung zu nutzen. Darüber hinaus müssen sie das mögliche Unterstützungspotenzial von Eltern für die Förderung der Schülerinnen und Schüler nutzen.

Zur Unterscheidung von Schule und Familie

Für eine Kooperation von Schule und Elternhaus mit dem Ziel der Förderung von Entwicklung, Lernen und Bildung der Kinder scheint die Klärung der verschiedenen Funktionen von Elternhaus und Schule notwendig. Dabei verstehen wir die Schule als Institution in der modernen, arbeitsteilig organisierten und sich ausdifferenzierenden Gesellschaft. Es besteht eine Pflicht zum Schulbesuch. Die Lehrer-Schüler-Beziehung verstehen wir als distanzierte, partikulare soziale Beziehung, die zum Zweck der Beförderung des Lernens eingegangen wird. Die Beziehung ist sachlich bestimmt; meist gestaltet eine Lehrkraft den Umgang mit einer gesamten Schulklasse oder Lerngruppe und nicht mit einzelnen Kindern. Der Umgang wird durch Regeln und Rituale bestimmt; für alle Kinder gelten die gleichen Normen und Werte. Es sollte höflich, respektvoll und tolerant miteinander umgegangen werden mit dem Ziel, Lernen zu befördern. Pädagogische Einwirkungen und Interventionen geschehen in Form von Gespräch, Ermutigung, Beratung und Erinnerung etc. Dagegen ist die Eltern-Kind-Beziehung nah, affektiv getönt und auf Zusammenleben ausgerichtet; Erziehen und Unterstützung sind in umfassende, auch emotional bestimmte Beziehungen eingebettet.

Entwicklungsziele und elterliche Unterstützungsmaßnahmen
(eigene Tabelle, auf der Grundlage von Borba 1999, zitiert nach
Schneewind 2002, S. 120)

Entwicklungsziele	Förderliche Verhaltensweisen der Eltern
Selbstvertrauen	Die Eltern helfen dem Kind, positive Selbstüberzeugungen und eine Haltung des »Ich kann es schaffen« aufzubauen.
Selbstbewusstsein	Die Eltern betrachten die Talente und Stärken des Kindes und unterstützen es dabei, seine Potenziale zu erweitern.
Verstehen	Die Eltern helfen dem Kind, angemessen kommunizieren zu lernen (z.B. aufmerksam zuhören, für sich selbst sprechen, sich deutlich mitteilen) und Empathie zu entwickeln.
Selbstverantwortlichkeit	Die Eltern helfen dem Kind, angemessene Entscheidungen für sich zu treffen.
Kooperationsfähigkeit	Die Eltern helfen dem Kind, mit anderen auszukommen, Beziehungen anzuknüpfen und Freundschaften zu schließen.
Zielstrebigkeit und Motivation	Die Eltern helfen dem Kind, Ziele festzulegen, die es erreichen möchte, und Schritte zur erfolgreichen Zielereichung festzulegen und zu gehen.
Beharrlichkeit	Die Eltern helfen dem Kind, etwas Begonnenes zu Ende zu führen, auch wenn sich im Prozess Schwierigkeiten auftun.

Das Elternhaus sollte die Anforderungen der Schule an die Kinder nicht verdoppeln. Gerade indem es seine eigenen Potenziale zur Entfaltung bringt, können Kinder gestützt werden. Dazu zählen wir das Gewährleisten physischer Sicherheit, auch im Umgang mit anderen Personen (Schutz vor Misshandlung, Vernachlässigung, Missbrauch und Vermeidung gewalttätiger Interaktionen in der Familie), das Bereitstellen eines angemessenen Schutzes des Kindes vor Beeinträchtigungen und Widrigkeiten, die Bereitschaft, als Interaktionspartner für das Kind zur Verfügung zu stehen und Sensibilität und Aufmerksamkeit für seine Signale aufzubringen. Weiterhin rechnen wir dazu die Gestaltung einer anregenden Umwelt, die Sicherstellung von Bezogenheit bei gleichzeitiger Ermöglichung wachsender Autonomie, das Vorleben angemessener Verhaltensweisen, das Hinführen zur Akzeptanz von Grenzen und Beschränkungen. Familien können durch ein gutes Familienklima und einen geeigneten Erziehungsstil positive Sozialkontakte des Kindes und Freundschaften fördern. Positiv ist eine gewisse Feinfühligkeit, die sich auch darin ausdrückt, dass Eltern sich im Hintergrund halten und nur bei Bedarf intervenieren.

Schneewind unterscheidet vier Erziehungsstile der Eltern, nämlich einen *autoritären,* gekennzeichnet durch das Ausüben von Macht und durch Zurückweisung des Kindes, einen *vernachlässigenden,* bestimmt durch das Gewähren von wenig Orientierung und Zurückweisung, einen *permissiven,* der Akzeptanz des Kindes zum Ausdruck bringt und von ihm zugleich wenig fordert, und einen *autoritativen,* der Akzeptanz ausdrückt und zugleich klar strukturierend ist (vgl. Schneewind 2002, S. 119). »Dabei hat sich gezeigt, dass vor allem Eltern, die einen autoritativen Erziehungsstil praktizieren, dazu beitragen, dass ihre Kinder sich zu emotional angepassten, eigenständigen, leistungsfähigen und sozial kompetenten Personen entwickeln.« (Schneewind 2002, S. 119) Im Überblick auf S. 138 gaben wir Hinweise auf Entwicklungsziele und elterliche Verhaltensweisen, die zum Erreichen dieser Entwicklungsziele förderlich sind.

Zur Unterscheidung der Aufgaben von Elternhaus und Schule

Um die Partnerschaft von Elternhaus und Schule zu gestalten, wäre eine Klärung der jeweiligen Aufgaben hilfreich. *Schülerinnen und Schüler* sollen pünktlich zur Schule kommen, im Unterricht mitarbeiten, Materialien mitbringen, Hausaufgaben anfertigen, Rückmeldungen zum Lehr- und Lernprozess geben, aufgrund von Krankheit verpassten Stoff nacharbeiten, sich gegenüber Lehrkräften und Mitschülerinnen und Mitschülern respektvoll erweisen und keine Ausgrenzungen anderer Kinder resp. Jugendlicher zulassen etc. *Eltern* sollen ihre Kinder zum Lernen motivieren, ihnen die dafür notwendige Unterstützung geben (Frühstück, Arbeitsmaterialien, Bücher, Lexika), sich Zeit für Gespräche nehmen und die Schule in ihren Erziehungsabsichten unterstützen. Die *Schule* hält das Schulhaus im Rahmen vereinbarter Zeiten offen, bietet Möglichkeiten der Nutzung von Bibliotheken, Werkräumen, Klassenräumen zu festgelegten Unterrichts- und Betreuungszeiten, bietet interessante schulische Aktivitäten und legt ihre Erziehungs- und Unterrichtsphilosophie ebenso wie die Regeln in der Schule offen. *Lehrkräfte* sollen nicht nur guten Unterricht abhalten, ihre Ansprüche explizieren, Kriterien der Leistungsmessung und -bewertung offen legen, eine Beratung über die schulische Laufbahn anbieten, den Schülerinnen und Schülern Mitwirkungsmöglichkeiten einräumen, sondern bei unentschuldigtem Fehlen umgehend das Elternhaus informieren, Hausaufgaben durchsehen und Tests resp. Klassenarbeiten innerhalb eines überschaubaren Zeitraums korrigieren und wiedergeben etc. Zugleich verpflichten sie sich auf Formen respektvollen Umgangs (keine Abwertung, Bloßstellung, Demütigung etc.). *Vereinbarungen* leisten einen Beitrag im Klärungs- und Verständigungsprozess über die Rollen und die gegenseitigen Erwartungen; sie müssen expliziert werden. Darüber hinaus legen sie Verfahren zur Bearbeitung auftauchender Fragen, Konflikte und Schwierigkeiten fest.

Transparenz herstellen

Es sollte eine Verständigung über Prinzipien des Erziehens und Unterrichtens resp. des Erziehens und Unterstützens erfolgen. Auf einem Elternabend werden wichtige Fragen geklärt, z.B. die Gestaltung der Schulwoche, Fragen des Stundenplans, der Lernbereiche, des Ausbaus der Lehrgänge, des Unterrichts in Projektform und der Freiarbeit. Außerdem können die geplanten Unterrichtsinhalte eines jeweiligen Schulhalbjahres besprochen werden. Die Lehrkraft sollte Hinweise zu den Hausaufgaben geben. Mit den Eltern kann über das Bereitstellen eines geeigneten Arbeitsplatzes, an dem die Kinder die Hausaufgaben anfertigen, gesprochen werden. Neben der Wahl der Elternvertreterinnen bzw. Elternvertreter kann erörtert werden, inwiefern Eltern im Unterricht hospitieren (Festlegung der Konditionen, z.B. nach Voranmeldung oder jederzeit) oder auch – zur Unterstützung der Lehrkraft – zeitweilig mitarbeiten bzw. wer sich an Unterrichtsgängen, Zoo- resp. Kino- oder Theaterbesuchen beteiligt. Neben den Elternabenden sind Kontakte anzubahnen und zu festigen, z.B. durch regelmäßige Telefonate, Hausbesuche oder Eltern-Kind-Nachmittage.

Hinweise geben

Die Lehrkraft kann den Eltern Hinweise geben, wie sie ihre Kinder beim Bearbeiten der Hausaufgaben unterstützen können. Sie sollten – im Sinne der Förderung von Selbsttätigkeit und Selbstregulationsfähigkeit – sich von dem Kind sagen lassen, welche Aufgaben es zu erledigen hat oder sich das Aufgabenheft zeigen lassen. Dabei sollte das Kind die Unterlagen selbst herausholen und die Aufgaben benennen. Der unterstützende Elternteil kann dabei nachfragen, was das Kind tun soll, und sich vom Kind Schritt für Schritt erklären lassen, wie es die Aufgaben bearbeiten will. Es sollte für richtige Schritte gelobt werden. Wenn der Elternteil sicher ist, dass das Kind verstanden hat, wie es die Aufgaben bearbeiten soll, kann er sich zurückziehen und diese erst nach Beendigung der Aufgaben kontrollieren. Dabei sollte das Kind für jede richtig bearbeitete Aufgabe gelobt werden (vgl. auch Krowatschek/Albrecht/Krowatschek 2004, S. 79ff.).

Professionell kommunizieren

Lehrkräfte sind angehalten, symmetrische Beziehungen zu den Eltern zu gestalten. War früher die Beziehung zu Eltern manchmal hierarchisch strukturiert und wurde in Gesprächen gelegentlich moralisiert, belehrt, gewarnt und angeordnet, so geht es heute darum, den Eltern zuzuhören, Informationen zu nehmen und zu geben, sie zu verstehen und herauszufinden, wessen die Eltern jeweils bedürfen. Eltern können sachliche *Informationen über Unterricht und Schule* benötigen oder *Auskunft über das Lern- und Leistungsverhalten und das Sozialverhalten ihrer Kinder,* verbunden mit der Bitte um Hinweise darüber, wie sie ihre Kinder unterstützen können, erwarten. Die Lehrkräfte sollten die Wahrnehmungen der Eltern ebenfalls erfragen, auch um eigene Einschätzungen zu modifizieren und zu korrigieren. Wenden sich die Eltern mit einem *Problem* an die Lehrkräfte, sollte ihre Problemsicht erfragt und Ziele und Veränderungswünsche erhoben werden, um ein gemeinsames Problemverständnis zu entfalten. Gemeinsam mit den Eltern sind mehrdimensionale Erklärungshypothesen zu generieren, auch mit dem Ziel, Situationen, in denen das Problem auftaucht, genauer zu beobachten und – durch Verfeinerung der Analyse – ein besseres Verständnis des Problems zu entwickeln. Auf dieser Grundlage sind Absprachen über mögliche Interventionen zu treffen. Geeignete Methoden sind abzusprechen und ein Vertrag über das Vorgehen und die Rechte und Pflichten der verschiedenen Personen in der Interventionsphase zu treffen. Anschließend sind die Ergebnisse der Interventionen zu evaluieren und zu optimieren. Es kann auch sein, dass ein erneutes Durchdenken des Problems notwendig wird (vgl. Mischke 2004, S. 181f.). Hier ist die Fähigkeit einer Lehrkraft, Probleme und deren Ursachen angemessen zu *diagnostizieren* und *Interventionen zu planen* und diese mit den Eltern zu *besprechen* resp. diese zu *beraten,* gefordert. Geht es um Probleme zwischen Eltern und ihren Kindern, muss herausgefunden werden, wer das Problem hat (das Kind, die Gleichaltrigen, ein oder beide Elternteile, die Lehrkraft), worin es besteht, welche zentralen Fragen mit dem Problem verbunden sind, wie das Problem definiert wird und wer für die Problemlösung verantwortlich ist. Dabei kann es sein, dass die Lehrkraft sich von den Eltern die Rückmeldung geben lassen muss, dass sie selbst Teil des Problems ist oder es mit verursacht; umgekehrt kann es auch sein, dass sie Hilfen für eine veränderte Sicht des Problems oder zur Veränderung des Erziehungsverhaltens geben muss oder mit den Eltern dabei kooperiert, ein Kind bei seiner Modifikation von Normen und Werten, Motiven und Verhaltensweisen zu unterstützen. Abhängig davon, wer das Problem hat (das Kind, die Lehrkraft, die Eltern) sind unterschiedliche Vorgehensweisen zu wählen (vgl. Gordon 1996). Voraussetzung für erfolgreiche Kommunikation ist es, angemessene Räume und Zeit für ein Gespräch bereitzustellen, Eltern respektvoll zu begegnen, ihre Erwartungen ernst zu nehmen, ihre Wirklichkeiten und Sichtweisen zu akzeptieren, klar zu kommunizieren und dabei die vier Seiten der Kommunikation (Sachaussage, Selbstmitteilung, Beziehungsgestaltung, Appell) zu beachten (vgl. Schulz von Thun 1994).

Schullaufbahnempfehlungen

In der Selbstbeschreibung der Grundschule versteht sich diese als gemeinsame Schule für alle Kinder. Dabei dauert die deutsche Grundschule nur vier Jahre (in Berlin und Brandenburg sechs Jahre), während in einer Vielzahl europäischer Länder die Kinder sechs (Griechenland, Luxemburg), sieben, acht (Niederlande, Spanien, Irland) oder neun (Dänemark) Jahre gemeinsam die Grundschule besuchen. In der Hälfte aller europäischen Länder besuchen die Schülerinnen und Schüler für die gesamte Pflichtschulzeit eine gemeinsame Schule (vgl. Schmitt 2001, S. 17). In der Bundesrepublik Deutschland verlassen die Kinder in der Regel nach der Klasse 4 (in Berlin und Brandenburg nach Klasse 6) die Grundschule und treten in einen der Bildungsgänge der weiterführenden Schulen ein. Dabei müssen sie sich zwischen verschiedenen Bildungsgängen (Hauptschulbildungsgang, Realschulbildungsgang, Bildungsgang des Gymnasiums) entscheiden. In manchen Bundesländern werden auch Schulen des Sekundarbereiches I angeboten, die zwei oder mehr Bildungsgänge führen. Da auch Gymnasien unterschiedliche Profile anbieten, erfolgt recht früh eine spezialisierte Festlegung. Die Grundschulen werden damit nicht nur zu Bildungsinstitutionen, sondern zu »Orten der sozialen Chancenverteilung« (Speck-Hamdan 2003, S. 296; Valtin 2006).

Übergänge und Übertrittsregeln

Nach ökosystemischem Verständnis stellen Übergänge eine Herausforderung im menschlichen Lebenslauf dar. Von einem Übergang wird gesprochen, wenn ein Mensch seine Position durch einen Wechsel seiner Lebensräume, seiner Bezugspersonen oder seiner Rolle verändert. Schulische Übergangssituationen können als kritische Wendepunkte, aber auch als Entwicklungsaufgaben begriffen werden. Übergänge sind mit Hoffnungen und Erwartungen, aber auch mit Ängsten verknüpft, z.B. vor längeren und neuen Schulwegen, unüberschaubaren Schulgebäuden, unbekannten Lehrern, älteren Mitschülerinnen und Mitschülern, vor gestiegenen Leistungsanforderungen und neuen Fächern.

In einer Informationsunterlage des Sekretariats der Kultusministerkonferenz (KMK) vom Januar 2003 wurde artikuliert, dass jedem Kind, ohne Rücksicht auf Stand und Vermögen der Eltern, derjenige Bildungsweg offen stehen muss, der seiner Bildungsfähigkeit entspricht. Beim Gestalten des Übergangsverfahrens sollen abgebende und weiterführende Schule verständnisvoll zusammenarbeiten. »Für die Entscheidung über die Aufnahme eines Kindes in eine weiterführende Schule sind die für eine erfolgreiche Bildungsarbeit unentbehrlichen Kenntnisse und Fertigkeiten festzustellen; es sind aber auch Eignung, Neigung und Wille des Kindes zu geistiger Arbeit insgesamt zu werten.« (Sekretariat der KMK 2003, S. 5; 33) Die Übertrittsregelungen unterscheiden sich von Bundesland zu Bundesland. In der Regel erfolgt der Übergang nach der Klasse 4, zu einem im internationalen Vergleich ungewöhnlich frühen Zeitpunkt. In allen Bundesländern soll über das Schulsystem insgesamt und die jeweiligen Abschlüsse der Schulformen ebenso informiert werden wie über die mit einem Bildungsgang verbundenen Anforderungen. Die Grundschulen sollen Eltern und Kinder bei der Wahl der Schullaufbahn beraten. In allen Bundesländern spricht die Grundschule eine Schullaufbahnempfehlung aus. Grundlage dafür sollen die »über einen längeren Zeitraum« beobachteten Leistungen des Kindes und seine Noten in den Zeugnissen sein. In einigen Bundesländern wird die Teilnahme an Aufnahmeprüfungen (Baden-Württemberg) oder am Probeunterricht der weiterführenden Schulen ermöglicht. In besonderer Weise wird die Aufnahme in das Gymnasium geregelt. »Sechs Bundesländer (Baden-Württemberg, Bayern, Berlin, Saarland, Sachsen und Thüringen) geben Ziffernnoten als Orientierungsgröße an, mit unterschiedlichen Gewichtungen und [...] zusätzlichem Ermessensspielraum. Baden-Württemberg, Saarland und Sachsen beziehen nur die Leistungen in Deutsch und Mathematik ein, Bayern und Thüringen berücksichtigen auch die Sachunterrichtsnote. Berlin schließlich nimmt alle Fächer (allerdings in unterschiedlicher Gewichtung) in den Notenschnitt auf. Fast alle diese Länder (außer Berlin) sehen für Zweifelsfälle ein Probeunterrichtsverfahren vor, das in der Regel in Kooperation zwischen Grundschule und weiterführender Schule erfolgt.« (Speck-Hamdan 2003, S. 297) Dabei sind in den Bundesländern unterschiedliche Angaben über die Durchschnittsnoten zu finden, bei denen eine Gymnasialempfehlung durch die Grundschule ausgesprochen wird. Die Empfehlungen sollen sich auf das gesamte Lern- und Leistungsverhalten der Kinder stützen. Um eine verlässliche Prognose über den zukünftigen Schulerfolg zu treffen, sollen auch Gesichtspunkte wie Sozial- und Arbeitsverhalten, Lernkompetenz und häusliches Unterstützungspotenzial berücksichtigt werden. Die Lehrkräfte sollten den Eltern ihre Empfehlung mitteilen, z.B. durch ein umfangreiches Übertrittszeugnis, ein ausführliches Gutachten beziehungsweise einen erweiterten Lernentwicklungsbericht oder durch eine mündliche Empfehlung. Die endgültige Entscheidung über die Schullaufbahn treffen in der Regel die Eltern. Bei Widersprüchen zwischen der Empfehlung der Grundschule und der Elternentscheidung bieten einige Länder ein Beratungsverfahren, eine Aufnahmeprüfung resp. Probeunterricht an (wie Baden-Württemberg, Bayern) oder eine zusätzliche Beratung (Berlin) oder ein Übergangsverfahren und eine Aufnahmeprüfung (Saarland, Sachen, Thüringen). Über die Aufnahme in die Schule der Wahl entscheidet letztlich die Schule selbst. Sie kann Auswahlverfahren auf der Basis von Eignungsfeststellungen oder Probezeiten vorsehen (vgl. Speck-Hamdan 2003, S. 297f.).

Das Grundschulgutachten

Kriterien, die der schulischen Beobachtung und Einschätzung der Kinder zugrunde liegen, müssen gegenüber den Eltern offen gelegt und den Ergebnissen der Beobachtungen der Kinder im häuslichen Bereich gegenübergestellt werden. Lehrkräfte müssen wichtige Ergebnisse der Begabungsforschung kennen, fähig sein, die Lern- und Leistungsentwicklung eines Kindes zu diagnostizieren, sich über

Bedingungsfaktoren für Schulerfolg bewusst sein und eine Schuler-
folgsprognose stellen können. Lehrkräfte müssen die rechtliche und
pädagogische Funktion des Grundschulgutachtens bzw. einer Bil-
dungswegempfehlung kennen und diese formal richtig und inhaltlich stimmig abfassen können. Die Eltern sind zu informieren und
zu beraten. Grundlage einer sachgerechten Beratung sind die vorausgegangene kontinuierliche Beobachtung des Kindes und eine
gute Dokumentation der Lern- und Leistungsentwicklung. Dazu
müssen sie die Denkfähigkeit des Kindes, seine Merkfähigkeit, seine
Konzentrationsfähigkeit, seine Sprachfähigkeit, sein Arbeits- und
Sozialverhalten, seine Motivation und Belastbarkeit in verschiedenen Domänen beobachten und dokumentieren (vgl. hierzu auch
Valtin 2002).

In der Regel wird herausgestellt, dass im Eignungsurteil die
kognitiven und nicht-kognitiven Persönlichkeitsmerkmale des Kindes erfasst werden sollen. Hier sind die verbalen Fähigkeiten
(Sprachverständnis, Informationsverarbeitung, sprachgebundenes
Denken), die Rechenfähigkeit und das arithmetische Denken sowie
die allgemeine Denkfähigkeit (schlussfolgerndes, konstruktives, kri-
tisches Denken) zu nennen. Kinder, bei denen diese Fähigkeiten
stark entwickelt sind, werden den kognitiven Anforderungen der
mittleren und höheren Bildungsgänge voraussichtlich gewachsen
sein. Ein erfolgreiches Weiterlernen wird ebenso von nicht-
kognitiven Persönlichkeitsmerkmalen bestimmt, wie etwa dem
Arbeitsverhalten (Ausdauer, Selbstständigkeit, Konzentration, Aufgabenverständnis) und dem Sozialverhalten (Kontakt-/Koopera-
tionsfähigkeit, Verlässlichkeit). Oftmals werden auch Fragen der
körperlichen und psychischen Belastbarkeit sowie die Fähigkeit zur
Bewältigung von Misserfolgen (Frustrationstoleranz) mit in den
Blick genommen. Außer den Lern- und Leistungsergebnissen in der
Grundschule sind auch andere Gesichtspunkte wichtig für die Entscheidung wie die Einstellung des Kindes, sein Lernwille und seine
Anstrengungsbereitschaft beim Lernen, seine Fähigkeit, sich einer
Sache zu widmen, ohne dass besondere eigene Interessen angespro-
chen sind, und seine Beharrlichkeit, eine Sache nicht vorschnell
aufzugeben, wenn sich Erwartungen nicht erfüllen oder Schwierigkeiten auftreten. Dabei spielen sprachliche Fähigkeiten keine uner-

hebliche Rolle; daneben kommt der Fähigkeit zum selbstständigen Arbeiten (z.B. Hausaufgaben ohne Elternmithilfe), der Fähigkeit, Tatsachen und Gedanken zu ordnen, sinnvoll zu gliedern und in Beziehung zu bringen, und der Kompetenz, Lernstoff nicht nur formal aufzunehmen und wiederzugeben, sondern eigene Problemlösungen zu finden, eine wichtige Rolle zu. Auch die Fähigkeit zum konzentrierten und ausdauernden Lernen ist von Bedeutung. Darüber hinaus kann die Anteilnahme der Eltern oder nahe stehender Erwachsener an den Lernprozessen und die Bereitschaft, das Kind beim Lernen zu unterstützen, zu guten Lernerfolgen mit beitragen.

Übergänge aus der Grundschule pädagogisch gestalten

Die Informationsunterlage des Sekretariats der Kultusministerkonferenz vom Januar 2003 sieht vor, dass Lehrkräfte der abgebenden und der aufnehmenden Schulen mit der jeweils anderen Schulart bzw. Schulstufe zusammenarbeiten und sich gegenseitig über Bildungs- und Erziehungsziele informieren. Formen der Zusammenarbeit können in gegenseitigen Besuchen bei Tagen der »offenen Tür«, in gegenseitigen Hospitationen im Unterricht, im Erfahrungsaustausch in gemeinsamen Besprechungen, in Besuchsmöglichkeiten von Grundschülerinnen und Grundschülern in den weiterführenden Schulen und in der gemeinsamen Lehrerfortbildung bestehen (vgl. Sekretariat der Ständigen Konferenz der Kultusminister der Länder 2003, 8/33). Dazu sind Absprachen zwischen den Schulleiterinnen und Schulleitern der verschiedenen Schulstufen und Schulformen, Fachkonferenzen mit curricularen Vereinbarungen, Gründung von Teams, die die Übergänge gestalten (Koordinationskonferenzen) und schulübergreifender Lehrereinsatz denkbar. Es sollten Abstimmungen über pädagogische Arbeitsweisen, Schulbücher und Standards stattfinden. Die weiterführenden Schulen müssen ein Konzept für die ersten Wochen in den neuen Schulformen vorlegen. Dazu sind frühzeitig Entscheidungen zu treffen, welche Lehrerinnen und Lehrer die zukünftigen 5. Klassen leiten werden.

Zur Prognose von Schullaufbahnen

Die Festlegung auf einen Bildungsweg mit Weichenstellungen und Statusvorentscheidungen erfolgt oftmals auf unsicherer Grundlage. Von Lehmann und Mitarbeitern liegen umfangreiche Studien zur Lernausgangslage an Hamburger Schulen (LAU) vor, die im Längsschnitt von der fünften bis zur zehnten Klassenstufe durchgeführt wurden (Lehmann u.a. 1999; Lehmann u.a. 2002). In der Hamburger Untersuchung wurde der Nachweis erbracht, dass bezüglich der Gymnasialempfehlung unterschiedliche Standards bezüglich der Schülerleistungen in Abhängigkeit von der sozialen Herkunft wirksam sind (vgl. Lehmann/Peek 1997, S. 86ff., 95ff.).

Dass der prognostische Wert von Übergangsempfehlungen gering ist, zeigten Heller, Rosemann und Steffens (1978). Im Rahmen einer Längsschnittstudie wurden im Abstand von drei Jahren die Anteile der Schülerinnen und Schüler ermittelt, die in Übereinstimmung mit oder entgegen der Bildungsempfehlung ihre Schullaufbahn erfolgreich weitergeführt hatten. »Selbst Schüler, die nur eine Empfehlung für die Hauptschule erhalten hatten, waren zu 27 bis 45 Prozent auf dem Gymnasium erfolgreich. Die Erfolgsquoten für Schüler mit einer Realschulempfehlung, die zum Gymnasium gewechselt waren, bewegen sich zwischen 44 und 73 Prozent. Eine hohe Treffsicherheit der Empfehlung besteht nur bei den für das Gymnasium empfohlenen Schülern (Erfolgsquoten von 71 bis 86 Prozent).« (Ditton 2004, S. 263) Wir müssen daher von einer hohen prognostischen Unsicherheit des Lehrerurteils bezogen auf die nicht empfohlenen Schüler ausgehen. Während sich Eltern aus benachteiligten Schichten eher nach den Schullaufbahnempfehlungen richten, weichen Mittel- bzw. Oberschichteltern häufig von den Schullaufbahnempfehlungen ab (vgl. Jürgens 1989). Während für Eltern der Mittelschicht oft schon mit Eintritt in die Grundschule, spätestens aber ab Klasse 2 und 3, feste Schullaufbahnaspirationen festzustellen sind, ist eine Unentschiedenheit oder gar resignative Zurückhaltung bei der Wahl höherer Bildung durch sozial benachteiligte Eltern festzustellen. Dabei kommt dem Ausleseverhalten der Lehrkräfte ein wichtiger Stellenwert zu. Sie müssen darauf achten, einer Tendenz entgegenzuwirken, bestehende Leistungsdifferenzen in der Notenvergabe zu überzeichnen und sozialspezifisch stereotyp Schülerfähigkeiten und Schülerleistungen wahrzunehmen (vgl. Ditton 2004, S. 270).

Grundschulunterricht und Lebenschancen

Der Übergang aus der Grundschule in eine weiterführende Schule entscheidet mit über den weiteren Bildungsverlauf und über Karrieremöglichkeiten. Dabei wissen wir nicht erst seit den Ergebnissen international vergleichender Schulleistungsstudien, dass in keinem Land die Koppelung zwischen Schulleistung und sozialer Herkunft so groß ist wie in der Bundesrepublik Deutschland. Wenn die erstrangige Vermittlungsgröße in der Reproduktion von Bildungsungleichheit die erzielten schulischen Leistungen sind, so hat die Grundschule auf diese in hohem Maße Einfluss durch die Qualität des Grundschulunterrichts, die Praxis der Förderung aller Kinder, das Bereitstellen von Hilfe und Unterstützung, die Notenvergabe, Schullaufbahnempfehlungen und die sie mit beeinflussenden Faktoren (Ditton 2004, S. 253). Leider ist es so, dass im Gegensatz zum Selbstverständnis der Grundschule als Schule für alle Kinder, als Schule des sozialen Ausgleichs und der Förderung, die beim Eintritt in die Grundschule bestehenden Unterschiede im Verlauf der Schulzeit nicht abgebaut, sondern kontinuierlich verstärkt werden (vgl. Ditton 2004, S. 257).

Die Gestaltung des Unterrichts in der Grundschule scheint den Einfluss der sozialen Unterschiede auf den Schulerfolg eher zu verstärken als zu nivellieren, einmal dadurch, dass bestimmte Interessen, Fähigkeiten und Fertigkeiten vorausgesetzt und nicht gezielt vermittelt werden, und dadurch, dass die Lehrmethoden besser an die sozial privilegierten Kinder angepasst sind. Nach den Befunden von Meijnen (1987) scheint es so zu sein, dass die Schulleistungen der Kinder aus unteren Schichten »stärker von Form und Inhalt des Curriculums beeinflusst« sind, als dies bei Kindern der oberen Schichten der Fall ist (vgl. Ditton 2004, S. 268f.). Das bedeutet, dass ein systematischer Wissensaufbau durch einen gut durchdachten Lehrplan mit Schwerpunkt auf die Vermittlung der grundlegenden

Kompetenzen für unterprivilegierte Kinder besonders wichtig ist. Zusätzlich problematisch ist, dass die Grundschule in ihrer Organisationsform als Halbtagsgrundschule mit einem relativ geringen Angebot an Unterrichtsstunden auf die Unterstützung der Kinder beim Anfertigen der Hausaufgaben durch die Eltern (meist die Mütter), angewiesen ist. Von daher wäre es wichtig, in der Grundschule nicht nur zusätzliche »Betreuungszeit« auszuweisen, sondern allen Kindern Angebote zu machen, über den Unterricht hinaus zu lernen, zu üben und das Gelernte anzuwenden.

Grundschullehrkräften kommt eine vornehme Aufgabe zu: Sie können sich dafür engagieren, die Lern- und Leistungsunterschiede durch einen kognitiv anspruchsvollen und gut organisierten Unterricht abzubauen. Eine effiziente Klassenführung, hohe Adaptivität des Unterrichts, ein angepasstes Lehr- und Lerntempo und eine Konzentration auf die Förderung aller Kinder sind eher wirksam als Konzepte einer Grundschulpädagogik, die genau diejenigen Kinder fördern, die aus bildungsnahen Elternhäusern kommen (vgl. Weinert/Helmke 1997, S. 247ff.).

Lernmilieus und Bildungsgänge

Die verschiedenen weiterführenden Schulen erteilen nicht nur unterschiedliche Abschlussberechtigungen (Hauptschulabschluss, Realschulabschluss und Abitur), sondern stellen auch unterschiedlich förderliche Lern- und Entwicklungsmilieus bereit, sodass die Lern- und Leistungsunterschiede zwischen den Kindern, mit denen sie in die weiterführenden Schulen eintreten, im Laufe der Schulzeit massiv verstärkt werden. Es ist davon auszugehen, »dass mit der Wahl des Bildungsweges in die Sekundarstufe I auch eine grundlegende Entscheidung über die weitere Kompetenzentwicklung getroffen wird. Selbst wenn kognitive, motivationale und soziale Eingangsvoraussetzungen konstant gehalten werden, verläuft die Entwicklung von Kompetenzen sowie fachlichen Leistungen in den Schulformen höchst unterschiedlich. In einer Längsschnittanalyse von der siebten zur zehnten Klassenstufe verbessern sich die Leistungen von Schülern mit gleichen Eingangsvoraussetzungen im Gymnasium um den Faktor 1,9, an den Realschulen um den Faktor 1,7, und an den Gesamtschulen bzw. Hauptschulen um den Faktor 1,6 bzw. 1,4 (Baumert u.a. 2003, S. 287). Insofern sind Schulformen als differenzielle Entwicklungsumwelten anzusehen.« (Ditton 2004, S. 254) Das bedeutet, dass die Schulen mit verschiedenen Bildungsgängen die Kinder (bei gleichen Eingangsvoraussetzungen) in unterschiedlichem Maße direkt und indirekt in ihrer Lernentwicklung fördern. Eltern verhalten sich daher rational, wenn sie den Bildungsgang wählen, der auf geradem Wege zum Abitur führt.

Wenn wir davon ausgehen, dass in der Bundesrepublik Deutschland die entscheidende Weichenstellung nach der Klasse 4 (Berlin und Brandenburg nach der Klasse 6) erfolgt, stellt sich die Frage nach der Dauer und Organisationsform der Grundschule als vierjähriger Halbtagsschule (vgl. Oelkers 2006). Notwendig wäre eine lange gemeinsame Beschulung aller Kinder. Grundschulunterricht müsste deutlicher als bisher darauf ausgerichtet werden, alle Kinder, vor allem aber die Kinder aus bildungsfernen Elternhäusern, umfassend zu fördern.

Grundschulforschung – quo vadis?

Besonders in den letzten zwanzig Jahren hat sich – hierauf haben wir bereits hingewiesen – die Disziplin Grundschulpädagogik als eigenständiges Teilgebiet der Erziehungswissenschaft herausgebildet (vgl. hierzu Kiper 2005). Dabei liegen zum gegenwärtigen Zeitpunkt in besonderem Maße Forschungsergebnisse unter konzeptionellem bzw. entwicklungsbezogenem Aspekt vor, die auch auf dem Hintergrund neuerer Entwicklungen wie der Einführung von Bildungsstandards oder Überlegungen in Hinblick auf eine flexible Schuleingangsstufe für alle Kinder anschlussfähig sind. Im Gegensatz hierzu gibt es nur wenige empirische Forschungsergebnisse, die – unter quantitativem Gesichtspunkt – diese konzeptionellen Überlegungen in Hinblick auf den Grundschulunterricht stützen (vgl. Valtin 2000). Im Folgenden möchten wir einen Überblick über Forschungsdesiderate im Bereich der Grundschulforschung geben. Wir unterscheiden dabei Grundschulforschung unter konzeptionellem und unter empiriebezogenem Aspekt.

Grundschulforschung unter konzeptionellem Aspekt

Unter konzeptionellem Aspekt liegen im Bereich der Grundschulforschung viele Überlegungen vor, wie Unterricht in den ersten Schuljahren für *alle* Kinder effektiv gelingen kann. Besonders in letzter Zeit wird dem Bereich der anschlussfähigen Bildungskonzepte besondere Aufmerksamkeit geschenkt (vgl. Faust/Götz/Hacker/Rossbach 2004). Weitgehend Einigkeit besteht darin, dass Kinder im Anfangsunterricht dort abgeholt werden sollten, wo sie kognitiv, motivational und emotional stehen, und dass sie – vor allen Dingen – in einer geeigneten Weise auf den Unterricht in den weiterführenden Schulen vorbereitet werden sollten. In diesem Zusammenhang wurden besonders in letzter Zeit Überlegungen dahin gehend angestellt, den Bereich der Frühpädagogik zu professionalisieren. Dies resultierte unter anderem aus den Befunden der Internationalen Grundschul-Lese-Untersuchung (IGLU): Hier konnte gezeigt werden, dass ein Zusammenhang zwischen dem Besuch einer vorschulischen Institution und den am Ende der vierten Klassenstufe vorliegenden Kompetenzen bei Kindern evident ist. Auf dem Hintergrund dieser Entwicklungen im Bereich der Grundschulforschung lassen sich zusammenfassend fünf Perspektiven festhalten:

- *Perspektive 1:* Konzepte anschlussfähiger Bildung sollten dahin gehend weiter entwickelt werden, dass es gelingen kann, Kompetenzen von Kindern bereits auf frühen Altersstufen, d.h. im vorschulischen Bereich, adäquat, zielgerichtet, kontinuierlich und die weiteren schulischen Institutionen betreffend anschlussfähig vorzubereiten und zu entwickeln. Um dies gewährleisten zu können, ist eine enge Zusammenarbeit von Erzieherinnen und Erziehern sowie Lehrerinnen und Lehrer notwendig. Hierfür gilt es – aus unserer Sicht – Kooperationsstrategien und -konzepte von Vertreterinnen und Vertretern der Disziplinen Elementar- bzw. Grundschulpädagogik zu entwickeln, die in der Praxis genutzt werden können. Erste Arbeiten liegen hierzu bereits vor (vgl. z.B. Hopf/Zill-Sahm/Franken 2004).
- *Perspektive 2:* Für den Bereich der frühkindlichen Förderung von Kindern sind zukünftig Bildungskonzepte auszuarbeiten, die geeignet sind, die so genannten »windows of opportunity« bei Kindern auf frühen Altersstufen zu nutzen und den Kompetenzaufbau bei Kindern zu initiieren. Dabei gilt es, in besonderem Maße darauf zu achten, dass Bildungsangebote für Kinder alters- und vor allen Dingen bedürfnisgerecht sind. Die Hoffnungen, die gegenwärtig in den Bereich der vorschulischen Kompetenzentwicklung gelegt werden, werden – in besonderem Maße – geschürt durch Ergebnisse aus dem Bereich der Kognitionsforschung: In letzter Zeit ist – im Zuge intra- und international vergleichender Schulleistungsstudien – eine so genannte »Frühförderungseuphorie« (Stern 2003, S. 31) zu beobachten.

Es wird angenommen, dass das Gehirn im Kindesalter besonders aufnahmefähig ist. Es wird sogar behauptet: »Wenn es in dieser Zeit nicht trainiert werde, gingen seine ungenutzten Kapazitäten verloren. Dem kindlichen Gehirn werden geradezu mythische Kräfte zugesprochen: Was Erwachsene nur mühsam lernen, sauge das Kind sozusagen wie ein Schwamm auf. Es gelte, die sensiblen Phasen, die *windows of opportunity* zu nutzen. Würden von der Umwelt nicht zum richtigen Zeitpunkt die richtigen Angebote gemacht, träten Versäumnisse auf, die nie wieder kompensiert werden können.« (Stern 2003, S. 31) Stern (2003) erhärtet diese Annahme nicht, sie gibt vielmehr zu bedenken, dass ein gut funktionierendes Gehirn immer in der Lage ist, diejenigen Informationen aufzunehmen, die in einem spezifischen Kontext für ein Individuum relevant sind: »Der so genannte Arbeitsspeicher – und damit die Informationsmenge, die man in einer bestimmten Zeit verarbeiten kann – ist begrenzt, und diese Begrenzung ist durchaus sinnvoll. Sie erlaubt uns, uns auf das Wesentliche zu konzentrieren.« Kinder ziehen geradezu »einen Nutzen aus der Beschränktheit ihres Aufnahmevermögens« (Stern 2003, S. 32). Es bestehe, so Stern (2003), kein Anlass, möglichst viel Lernstoff in den ersten Lebensjahren im Kindergarten oder in der Grundschule zu behandeln. Trotz der von Stern (2003) postulierten Einschränkungen scheint die Notwendigkeit präventiver Förderangebote für Kinder auf frühen Altersstufen deutlich angezeigt. In Bezug auf den Kompetenzaufbau in den einzelnen Lernfeldern wie Deutsch, Mathematik und Sachunterricht scheinen – von erziehungswissenschaftlichem Standpunkt – Kooperationen mit Vertreterinnen und Vertretern aus den Fachdidaktiken erforderlich, um Förderangebote für Kinder bedürfnisgerecht ausarbeiten zu können. Kindern, die gerne im Alter von vier bis fünf Jahren lesen lernen möchten oder sich für elementare mathematische Fragestellungen begeistern können, sollten diese Wünsche auch erfüllt werden. In diesem Kontext gewinnt selbstverständlich die Frage nach einer adäquaten Ausbildung von Erzieherinnen und Erziehern an Bedeutung. Diese wird – ersten Entwicklungen in einigen Bundesländern folgend – noch zu klären sein.

- *Perspektive 3:* Die Anforderungen an Grundschullehrerinnen und -lehrer sind sehr umfangreich: Neben der Vermittlung von Kompetenzen in verschiedenen Domänen kommt ihnen die Aufgabe der Diagnostik, der Förderplanung sowie der Schullaufbahnberatung zu. Besonders im Kontext neuerer Entwicklungen wie beispielsweise der flexiblen Schuleingangsphase, der Integration von Kindern mit sonderpädagogischem Förderbedarf oder von Kindern mit sehr unterschiedlichem sozialen oder kulturellen Hintergrund gilt es, Lehren und Lernen in altersgemischten und damit heterogenen Lerngruppen zu organisieren. Noch immer gilt auch gegenwärtig als ein wesentliches Forschungsdesiderat, Konzepte bereit zu stellen, die gerade das Lernen in heterogenen Gruppen ermöglichen bzw. effektiv werden lassen (vgl. Kiper/Mischke 2006).

Grundschulforschung unter empiriebezogenem Aspekt

Sieht man von den in den neunziger Jahren durchgeführten Längsschnittstudien LOGIK und SCHOLASTIK (vgl. Weinert/Helmke 1997, Weinert 1998), der Internationalen Grundschul-Lese-Untersuchung (IGLU; vgl. Bos u.a. 2003, 2004) sowie einigen wenigen experimentellen Untersuchungen ab, so ist gerade aus erziehungswissenschaftlicher Perspektive Forschungsdefizit im Bereich der quantitativen, d.h. theorie- sowie hypothesenprüfenden Grundschulforschung zu beklagen (vgl. Hellmich 2005, S. 13; Valtin 2000). Demgegenüber liegen zahlreiche qualitative Untersuchungen vor, die in erster Linie der Ausschärfung respektive Ausdifferenzierung von Theoriegerüsten dienen oder die deskriptiv beschreibend sind. Auf diesem Hintergrund möchten wir – aus unserer Sicht – einige grundlagenorientierte Forschungsdesiderata formulieren.

- *Perspektive 4:* In den intranational und international vergleichenden Schulleistungsstudien der letzten Jahre wurde auf Bedingungen von Wissenserwerbsprozessen bei Kindern fokussiert. Unterschieden wurden dabei im Wesentlichen institutionelle, außerinstitutionelle und individuelle Bedingungen, die zur Aufklärung von Schulleistungen bei Kindern herangezogen wurden. Zu einem großen Teil liegen hierzu Ergebnisse sowohl unter deskriptivem als auch analytischem Aspekt vor, die aus unserer Sicht aufgrund der gewählten Stichprobengrößen in einem hohen Maße anschlussfähig in Bezug auf weitere Forschungsvorhaben sind. Zu beklagen ist allerdings – hierauf wurde in verschiedenen Diskussionsberichten bereits aufmerksam gemacht (vgl. Merkens 2004) –, dass es sich gerade bei diesen Schulleistungsstudien um Studien im Querschnitt handelt, die lediglich Aussagen über Bedingungen von Wissenserwerbsprozessen bei Kindern zu einem Messzeitpunkt zulassen, nicht aber über mögliche Ursache-Wirkungs-Zusammenhänge verschiedener Variablen. Als ein wesentliches Forschungspostulat möchten wir an dieser Stelle festhalten, dass es zukünftig wünschenswert wäre, ähnlich wie bei den Längsschnittsstudien LOGIK und SCHOLASTIK intendiert, jedoch unter Berücksichtigung institutioneller, außerinstitutioneller und individueller Bedingungsfaktoren sowie ihrer Interdependenzen anhand von Mehrebenenanalysen (vgl. von Saldern 2001) in komplexeren Untersuchungsdesigns bisherige Annahmen über Entwicklungen von Kindern zu prüfen. Bei Längsschnittsstudien wird in einer detaillierten Weise Wissen über kausale Ursache-Wirkungs-Zusammenhänge gewährleistet, die Hinweise für die Konzeption von Fördermaßnahmen und -konzepten induzieren. Gegenwärtig ist beispielsweise weitgehend unklar, ab welchem Zeitpunkt der Entwicklung von Kindern der Kompetenzerwerb in den einzelnen domänenspezifischen Lernfeldern einsetzen sollte, damit er möglichst nachhaltig und effektiv ist. Während beispielsweise für das Unterrichtsfach Deutsch in empirischen Studien aus dem Bereich der Lehr- und Lernforschung gezeigt werden konnte, dass sich Übungen im Bereich der phonologischen Bewusstheit im Vorschulalter positiv auf den Schriftspracherwerb bei Kindern im Grundschulalter auswirken, fehlen hierzu bislang weitgehend entsprechende Befunde für den Kompetenzerwerb im Unterrichtsfach Mathematik.

- *Perspektive 5:* Für den Bereich der Grundschulpädagogik liegen gegenwärtig verschiedene konzeptionelle Entwürfe vor, wie das

Lehren und Lernen auf der Primarstufe erfolgreich gelingen kann. Gemeinhin sind diese Entwürfe bekannt als Unterrichtsprinzipien oder Unterrichtsmethoden, nach denen das Lehren und Lernen ausgerichtet werden sollte. Im Vergleich zu dieser Reichhaltigkeit entwicklungsbezogener Konzepte ist momentan allerdings zu beklagen, dass bislang nur wenige Unterrichtsmethoden in experimentellen Studien hinsichtlich ihrer Effektivität geprüft sind, sodass zurzeit lediglich Vermutungen darüber angestellt werden können, welche Unterrichtsmethoden bei spezifischen Zusammensetzungen von Lerngruppen und bei der Vermittlung spezifischer Inhalte in Bezug auf die Kompetenzentwicklung bei Kindern im Unterricht zu präferieren sind. Wirft man einen Blick in aktuelle Studien zur Überprüfung der Effektivität von Lernumgebungen, so wird deutlich, dass die Unterrichtsforschung auf der Basis lehr- und lerntheoretischer Grundlagen fußt: Im Speziellen werden gegenwärtig – auf einer eher groben und damit grundlagenorientierten Ebene – Lehr- und Lerndesigns evaluierend geprüft, die nach spezifischen Kriterien wie *offener* versus *geschlossener Unterricht* oder Unterricht *mit* oder *ohne Strukturierung* durch die jeweilige Lehrerin respektive den jeweiligen Lehrer charakterisiert sind. Die wenigen Befunde in diesem Bereich weisen dabei einheitlich darauf hin, dass ein spezifisches Maß an Struktur sowie Unterstützungsverfahren durch Lehrerinnen und Lehrer notwendig sind, damit Lehren und Lernen ertragreich gelingen kann. Wünschenswert sind für diesen Bereich weitere differenzierte Befunde, die Aufschluss darüber geben könnten, unter welchen Bedingungen welche Lehr- und Lernumgebungen die Kompetenzentwicklungen bei Kindern effektiv stützen.

Literaturverzeichnis

Aebli, H.: Denken: Das Ordnen des Tuns. Band II. Klett, Stuttgart 1981.

Aebli, H.: Zwölf Grundformen des Lehrens. Klett-Cotta, Stuttgart [11]2001.

Aken, M.A.G. van/Helmke, A./Schneider, W.: Selbstkonzept und Leistung – Dynamik ihres Zusammenspiels. Ergebnisse aus dem SCHOLASTIK-Projekt. In: Weinert, F.E./Helmke, A. (Hrsg.): Entwicklung im Grundschulalter. Beltz/Psychologie Verlags Union, Weinheim 1997, S. 341–350.

Apel, H.J.: Allgemeine Didaktik im Wandel? In: Stadtfeld, P./Dieckmann, B. (Hrsg.): Allgemeine Didaktik im Wandel. Klinkhardt, Bad Heilbrunn: 2005, S. 38–52.

Arbeitsgruppe Bildungsbericht am Max Planck Institut für Bildungsforschung: Das Bildungswesen in der Bundesrepublik Deutschland. Strukturen und Entwicklungen im Überblick. Rowohlt, Reinbek 1994.

Artelt, C./Demmrich, A./Baumert, J.: Selbstreguliertes Lernen. In: Deutsches PISA-Konsortium (Hrsg.): PISA 2000. Basiskompetenzen von Schülerinnen und Schülern im internationalen Vergleich. Leske + Budrich, Opladen 2001, S. 271–299.

Baacke, D.: Die 6- bis 12jährigen. Weinheim, Basel: Beltz 1984.

Bartnitzky, H./Brinkmann, E./Brügelmann, H./Burk, K./Hergarten, M./Roffmann, L./Kahlert, J./Polzin, M./Ramseger, J./Scherer, P./Selter, C.: Bildungsansprüche von Grundschulkindern – Standards zeitgemäßer Grundschularbeit. 2002. Verfügbar über http://www.grundschul-verband.de (Datum des Zugriffs: 03.12.2003).

Baumert, J./Trautwein, U./Artelt, C.: Schulumwelten – institutionelle Bedingungen des Lehrens und Lernens. In: Deutsches PISA-Konsortium (Hrsg.): PISA 2000 – Ein differenzierter Blick auf die Länder der Bundesrepublik Deutschland. Leske + Budrich, Opladen 2003, S. 261–333.

Becker, R./Lauterbach, W.: Vom Nutzen vorschulischer Kinderbetreuung für Bildungschancen. In: Becker, R./Lauterbach, W. (Hrsg.): Bildung als Privileg. Erklärungen und Befunde zu den Ursachen der Bildungsungleichheit. Westdeutscher Verlag, Wiesbaden 2004, S. 127–159.

Benner, D.: Die Struktur der Allgemeinbildung im Kerncurriculum moderner Bildungssysteme. In: Zeitschrift für Pädagogik, 48, 2002, S. 68–90.

Berk, L.E.: Entwicklungspsychologie. Pearson, München/San Francisco/Harlow/Don Mills/Sydney/Mexico City/Madrid/Amsterdam [3]2005.

Boekaerts, M.: Self-regulated learning: Where we are today. In: International Journal of Educational Research, 31, 1999, S. 445–457.

Bos, W./Lankes, E.-M./Prenzel, M./Schwippert, K./Valtin, R./Walther, G. (Hrsg.): Erste Ergebnisse aus IGLU. Schülerleistungen am Ende der vierten Jahrgangsstufe im internationalen Vergleich. Waxmann, Münster/New York/München/Berlin 2003.

Bos, W./Lankes, E.-M./Schwippert, K./Valtin, R./Voss, A./Badel, I./Plaßmeier, N.: Lesekompetenzen deutscher Grundschülerinnen und Grundschüler am Ende der vierten Jahrgangsstufe im internationalen Vergleich. In: Bos, W./Lankes, E.-M./Prenzel, M./Schwippert, K./Walther, G./Valtin, R. (Hrsg.): Erste Ergebnisse aus IGLU. Schülerleistungen am Ende der vierten Jahrgangsstufe im internationalen Vergleich. Waxmann, Münster/New York/München/Berlin 2003, S. 69–142.

Bos, W./Valtin, R./Lankes, E.-M./Schwippert, K./Voss, A./Badel, I./Plaßmeier, N.: Lesekompetenzen am Ende der vierten Jahrgangsstufe in einigen Ländern der Bundesrepublik Deutschland im nationalen und internationalen Vergleich. In: Bos, W./Lankes, E.-M./Prenzel, M./Schwippert, K./Valtin, R./Walther, G. (Hrsg.): IGLU. Einige Länder der Bundesrepublik Deutschland im nationalen und internationalen Vergleich. Waxmann, Münster/New York/München/Berlin 2004, S. 49–92.

Böttcher, W./Kalb, P.E. (Hrsg.): Kerncurriculum. Was Kinder in der Grundschule lernen sollen. Beltz, Weinheim/Basel 2002.

Bruner, J.S.: The act of discovery. In: Harvard Educational Review, 31, 1961, S. 21–32.

Bund-Länder-Kommission für Bildungsplanung: Fünfjährige in Kindergarten, Vorklassen und Eingangsstufen. Stuttgart 1976.

Carpenter, T.P./Fennema, E./Franke, M.G./Levi, L./Empson, S.B.: Children's Mathematics: Cognitivly Guided Instruction. Heinemann, Porthmouth/NH 1999.

Dekker, T./Querelle, N./Boer, C. van en (2000): The Great Assessment Picture Book (GAP). 2000. Verfügbar über http://www.fi.run.n/catch/products/welcome/html (Datum des Zugriffs: 19.07.2002).

Deutscher Bildungsrat: Empfehlungen der Bildungskommission. Strukturplan für das Bildungswesen. Stuttgart, Klett ^{3}1971.

Ditton, H.: Der Beitrag von Schule und Lehrern zur Reproduktion von Bildungsungleichheit. In: Becker, R./Lauterbach, W. (Hrsg.): Bildung als Privileg. Erklärungen und Befunde zu den Ursachen der Bildungsungleichheit. Westdeutscher Verlag, Wiesbaden 2004, S. 251–279.

Drews, U./Schneider, G./Wallrabenstein, W.: Einführung in die Grundschulpädagogik. Beltz, Weinheim/Basel 2000.

Ehri, L.C.: Reconceptualizing the developmant of sight word reading and its relationship to recording. In: Gough, P./Ehri, L.C./Treimann, R. (Hrsg.): Reading acquisition. Erlbaum, Hillsdale/NJ, S. 107–143.

Einsiedler, W.: Empirische Grundschulforschung im deutschsprachigen Raum – Trends und Defizite. In: Unterrichtswissenschaft, 25, 1997, S. 291–315.

Einsiedler, W.: Lehr-Lern-Konzepte für die Grundschule. In: Einsiedler, W./ Götz, M./Hacker, H./Kahlert, J./Keck, R.W./Sandfuchs, U. (Hrsg.): Handbuch Grundschulpädagogik und Grundschuldidaktik. Klinkhardt, Bad Heilbrunn 2001, S. 317–330.

Einsiedler, W.: Zum Selbstverständnis des Grundschulunterrichts. In: Einsiedler, W. (Hrsg.): Konzeptionen des Grundschulunterichts. Klinkhardt, Bad Heilbrunn 1979, S. 7–32.

Einsiedler, W.: Unterricht in der Grundschule. In: Cortina, K.S./Baumert, J./Leschinsky, A./Mayer, K.U./Trommer, L. (Hrsg.): Das Bildungswesen in der Bundesrepublik Deutschland. Strukturen und Entwicklungen im Überblick. Rowohlt, Reinbek 2003, S. 285–341.

Faust, G./Götz, M./Hacker, H./Rossbach, H.-G. (Hrsg.): Anschlussfähige Bildungsprozesse im Elementar- und Primarstufenbereich. Klinkhardt, Bad Heilbrunn 2004.

Faust, G./Rossbach, H.-G.: Der Übergang vom Kindergarten in die Grundschule. In: Denner, L./Schumacher, E. (Hrsg.): Übergänge im Elementar- und Primarbereich reflektieren und gestalten. Klinkhardt, Bad Heilbrunn 2004, S. 91–105.

Flitner, W.: Die vier Quellen des Volksschulgedankens. Klett, Stuttgart [6]1966.

Franke, M.: Didaktik der Geometrie. Spektrum, Heidelberg/Berlin 2000.

Frith, U.: Beneath the surface of developmental dyslexia. In: Patterson, K./Marshall, J./Coltheart, M. (Hrsg.): Surface dyslexia. Erlbaum, London 1985.

Gemeinsame Erklärung des Präsidenten der Kultusministerkonferenz und der Vorsitzenden der Bildungs- und Lehrergewerkschaften sowie ihrer Spitzenorganisationen Deutscher Gewerkschaftsbund DGB und DBB – Beamtenbund und Tarifunion: Aufgaben von Lehrerinnen und Lehrern heute – Fachleute für das Lernen. In: Pädagogisches Forum, 2, 2001, S. 276–278.

Gemeinsamer Rahmen der Länder für die frühe Bildung in Kindertageseinrichtungen. In: Diskowski, D./Hammes-Di Bernado, E. (Hrsg.): Lernkulturen und Bildungsstandards. Kindergarten und Schule zwischen Vielfalt und Verbindlichkeit. Schneider Hohengehren, Baltmannsweiler 2004, S. 228–237.

Gerstenmaier, J./Mandl, H.: Wissenserwerb unter konstruktivistischer Perspektive. In: Zeitschrift für Pädagogik, 6, 1995, S. 867–888.

Gesellschaft für Didaktik des Sachunterrichts (GDSU): Perspektivrahmen Sachunterricht. Klinkhardt, Bad Heilbrunn 2002.

Giest, H./Scheerer-Neumann, G. (Hrsg.): Jahrbuch Grundschulforschung. Band 2. Weinheim 1999.

Gisbert, K.: Lernen lernen. Lernmethodische Kompetenzen von Kindern in Tageseinrichtungen fördern. Beltz, Weinheim/Basel 2004.

Gordon, T.: Lehrer-Schüler-Konferenz. Wie man Konflikte in der Schule löst. Heyne, München 1996.

Grassmann, M.: Geometrische Fähigkeiten der Schulanfänger. In: Grundschulunterricht, 43 (5), 1996, S. 25–27.

Gruehn, S.: Unterricht und schulisches Lernen. Waxmann, Münster/New York/München/Berlin 2000.

Günther, J./Grygier, P./Kircher, E./Sodian, B./Thoermer, C.: Studien zum Wissenschaftsverständnis von Grundschullehrkräften. In Doll, J./Prenzel, M. (Hrsg.): Bildungsqualität von Schule: Lehrerprofessionalisierung, Unterrichtsentwicklung und Schülerförderung als Strategien der Qualitätsverbesserung. Waxmann, Münster/New York/München/Berlin 2004.

Gürtler, T.: Trainingsprogramm zur Förderung selbstregulativer Kompetenz in Kombination mit Problemlösestrategien. PROSEKKO. Peter Lang, Frankfurt a.M. 2003.

Habermas, J.: Theorie des kommunikativen Handelns. Suhrkamp, Frankfurt a.M. 1999.

Hagenbusch, A.M.: Übergreifende Aspekte zur Konzeption des Schulkindergartens bzw. ähnlicher Einrichtungen zur Förderung des noch nicht schulfähigen Kindes. In: Hagenbusch, A.M. (Hrsg.): Das schulbereite Kind. Auer, Donauwörth 1985, S. 79–110.

Hartinger, A.: Entdeckendes Lernen. In Einsiedler, W./Götz, M./Hacker, H./ Kahlert, J./Keck, R. W./Sandfuchs, U. (Hrsg.): Handbuch Grundschulpädagogik und Grundschuldidaktik. Klinkhardt, Bad Heilbrunn [2]2005, S. 330–335.

Hartinger, A.: Interessenförderung. Eine Studie zum Sachunterricht. Klinkhardt, Bad Heilbrunn 1997.

Hartmann, J./Hellmich, F.: Materialgebundene versus computerunterstützte Förderung räumlicher Kompetenzen in der Grundschule. In: Peschek, W. (Hrsg.), Beiträge zum Mathematikunterricht. Franzbecker, Hildesheim 2002, S. 211–214.

Hartmann, J.: Räumlich geometrisches Training und Transfer auf Leistungen im Geometrieunterricht der Grundschule. In: Neubrand, M. (Hrsg.), Beiträge zum Mathematikunterricht. Franzbecker, Hildesheim 2000, S. 245–248.

Hasemann, K.: »Zähl' doch mal!« – Die numerische Kompetenz von Schulanfängern. In: Sache, Wort, Zahl, 34, 2001, S. 53–58.

Hasemann, K.: Anfangsunterricht Mathematik. Spektrum, Heidelberg/Berlin 2003.

Havighurst, R.J.: Developmental tasks and education. David McKay, New York 1948.

Heinzel, F./Prengel, A. (Hrsg.): Heterogenität, Integration und Differenzierung in der Primarstufe. Jahrbuch der Grundschulforschung. Band 6. Leske + Budrich, Opladen 2002.

Helbig, P./Kirschhock, E.-M./Martschinke, S./Kummer, U.: Schriftspracherwerb im entwicklungsorientierten Unterricht. Klinkhardt, Bad Heilbrunn 2005.

Heller, K.A./Rosemann, B./Steffens, K.-H.: Prognose des Schulerfolgs. Eine Längsschnittuntersuchung zur Schullaufbahnberatung. Beltz, Weinheim/ Basel 1978.

Hellmich, F./Hartmann, J.: Aspekte einer Förderung räumlicher Kompetenzen im Geometrieunterricht. Ergebnisse einer Trainingsstudie mit Sonderschülerinnen und -schülern. In: Zentralblatt für Didaktik der Mathematik, 34, 2002, S. 56–61.

Hellmich, F.: Interessen, Selbstkonzepte und Kompetenzen. Untersuchungen zum Lernen von Mathematik bei Grundschulkindern. Didaktisches Zentrum (DiZ), Oldenburg 2005.

Hellmich, F.: Was bedeuten die Befunde aus IGLU für das Lehren und Lernen in der Grundschule? In: Hellmich, F. (Hrsg.), Lehren und Lernen nach IGLU – Grundschulunterricht heute. Didaktisches Zentrum (DiZ), Oldenburg 2005, S. 13–29.

Helmke, A.: Die Entwicklung der Lernfreude vom Kindergarten bis zur 5. Klassenstufe. In: Zeitschrift für Pädagogische Psychologie, 7 (2/3), 1993, S. 77–86.

Helmke, A.: Vom Optimisten zum Realisten? Zur Entwicklung des Fähigkeitsselbstkonzeptes vom Kindergarten bis zur 6. Klassenstufe. In: Weinert, F. E. (Hrsg.): Entwicklung im Kindesalter. Beltz/Psychologie Verlags Union, Weinheim 1998, S. 115–132.

Helmke, A./Schrader, F.-W.: Determinanten der Schulleistung. In Rost, D.H. (Hrsg.): Handwörterbuch Pädagogische Psychologie. Beltz/Psychologie Verlags Union, Weinheim [2]2001, S. 81–91.

Helmke, A.: Unterrichtsqualität. Erfassen, bewerten, verbessern. Kallmeyer, Seelze [2]2004.

Herzog, W.: Pädagogik und Psychologie. Eine Einführung. Kohlhammer, Stuttgart 2005.

Hoenecke, C.: Sachunterricht: Natur und Technik. Cornelsen Scriptor, Berlin 2004.

Hopf, A./Zill-Sahm, I./Franken, B.: Vom Kindergarten in die Grundschule. Evaluationsinstrumente für einen erfolgreichen Übergang. Beltz [3]2004, Weinheim/Basel.

Jansen, H.: Früherkennung und Frühförderung bei Risiken zur Ausbildung von Lese-Rechtschreibschwäche. In: Thomé, G. (Hrsg.): Von Legasthenie bis LRS. Grundlagen – Diagnose – Förderung. Didaktisches Zentrum (DiZ), Oldenburg 2002, S. 101–126.

Jürgens, E.: Lehrer empfehlen – Eltern entscheiden! Die Bewährung empfohlener und nicht empfohlener Orientierungsstufenschüler im weiterführenden Schulsystem. In: Die Deutsche Schule, 81, 1989, S. 388–400.

Kasten, H.: 4–6 Jahre. Entwicklungspsychologische Grundlagen. Beltz, Weinheim/Basel 2005.

Kiper, H./Nauck, J. (Hrsg.): Unterrichten im ersten Schuljahr. Schneider Hohengehren, Baltmannsweiler 1999.

Kiper, H.: Einführung in die Schulpädagogik. Beltz, Weinheim/Basel 2001.

Kiper, H.: Veränderte Orientierungen in der Grundschulpädagogik. Zur Herausbildung der Grundschulpädagogik als Disziplin. In: Hellmich, F. (Hrsg.): Lehren und Lernen nach IGLU – Grundschulunterricht heute. Didaktisches Zentrum (DiZ), Oldenburg 2005, S. 31–41.

Kiper, H./Meyer, H./Topsch, W.: Einführung in die Schulpädagogik. Cornelsen Scriptor, Berlin 2002.

Kiper, H./Mischke, W.: Einführung in die Allgemeine Didaktik. Beltz, Weinheim/Basel 2004.

Kiper, H./Mischke, W.: Einführung in die Theorie des Unterrichts. Beltz, Weinheim/Basel 2006.

Klauer, K.J. (Hrsg.): Handbuch kognitives Training. Hogrefe, Göttingen 2001.

Knauf, T.: Einführung in die Grundschuldidaktik. Kohlhammer, Stuttgart/Berlin/Köln 2001.

Knopf, M./Schneider, W.: Die Entwicklung des kindlichen Denkens und die Verbesserung der Lern- und Gedächtniskapazität. In: Weinert, F.E. (Hrsg.): Entwicklung im Kindesalter. Beltz Psychologische VerlagsUnion, Weinheim 1998, S. 75–94.

Koch, K./Niedersächsisches Kultusministerium: »Fit in Deutsch«. Sprachfördermaßnahmen vor der Einschulung. Abschlussbericht der Pilotphase. Göttingen 2003.

Köller, O./Baumert, J.: Entwicklung schulischer Leistungen. In: Oerter, R./Montada, L. (Hrsg.): Entwicklungspsychologie. Beltz/Psychologie Verlags Union, Weinheim [5]2002, S. 756–786.

Köller, O.: Konsequenzen von Leistungsgruppierungen. Waxmann, Münster/New York/München/Berlin 2004.

Krapp, A.: Interesse. In: Rost, D.H. (Hrsg.): Handwörterbuch Pädagogische Psychologie. Beltz/Psychologie Verlags Union, Weinheim [2]2001, S. 286–294.

Krapp, A.: Selbstkonzept und Leistung – Dynamik ihres Zusammenspiels. Literaturüberblick. In: Weinert, F.E./Helmke, A. (Hrsg.): Entwicklung im Grundschulalter. Beltz/Psychologie Verlags Union, Weinheim 1997, S. 325–339.

Kreyenfeld, M.: Soziale Ungleichheit und Kinderbetreuung. Eine Analyse der sozialen und ökonomischen Determinanten der Nutzung von Kindertageseinrichtungen. In: Becker, R./Lauterbach, W. (Hrsg.): Bildung als Privileg. Erklärungen und Befunde zu den Ursachen der Bildungsungleichheit. Westdeutscher Verlag, Wiesbaden 2004, S. 99–125.

Krowatschek, D./Albrecht, S./Krowatschek, G.: Marburger Konzentrationstraining (MKT) für Schulkinder. Borgmann, Dortmund 2004.

Küspert, P.: Möglichkeiten der frühen Prävention von Lese-Rechtschreibproblemen: Das Würzburger Trainingsprogramm zur Förderung der phonologischen Bewusstheit bei Vorschulkindern. In: Thomé, G. (Hrsg.): Von Legasthenie bis LRS. Grundlagen – Diagnose – Förderung. DiZ, Oldenburg 2002, S. 149–158.

Lange, J. de: Assessment: No change without problems. In: Romberg, T.A. (Hrsg.): Reform in school mathematics. Suny Press, Albany 1995, S. 87–173.

Langfeldt, P. (Hrsg.): Trainingsprogramme zur schulischen Förderung. Kompendium für die Praxis. Beltz/Psychologie Verlags Union, Weinheim 2003.

Lankes, E.-M./Bos, W./Mohr, I./Plaßmeier, N./Schwippert, K.: Lehr- und Lernbedingungen in den Teilnehmerländern. In: Bos, W./Lankes, E.-M./Prenzel, M./Schwippert, K./Valtin, R./Walther, G. (Hrsg.): Erste Ergebnisse aus IGLU. Schülerleistungen am Ende der vierten Jahrgangsstufe im internationalen Vergleich. Waxmann, Münster/New York/München/Berlin 2003, S. 29–67.

Lankes, E.-M.: Problemorientiertes Lernen. In Einsiedler, W./Götz, M./Hacker, H./Kahlert, J./Keck, R. W./Sandfuchs, U. (Hrsg.): Handbuch Grundschulpädagogik und Grundschuldidaktik. Klinkhardt, Bad Heilbrunn [2]2005, S. 335–340.

Lauth, G.W./Grünke, M./Brunstein, J.C. (Hrsg.): Interventionen bei Lernstörungen. Hogrefe, Göttingen/Bern/Toronto/Seattle 2004.

Lehmann, R.H./Gänsfuß, R./Peek, R.: Aspekte der Lernausgangslage und der Lernentwicklung von Schülerinnen und Schülern an Hamburger Schulen. Bericht über die Untersuchung im September 1998. Behörde für Schule, Jugend und Berufsbildung, Amt für Schule, Hamburg 1999.

Lehmann, R.H./Peek, R./Gänsfuß, R./Husfeldt, V.: Aspekte der Lernausgangslage und der Lernentwicklung – Klassenstufe 9 – Ergebnisse der Längsschnittuntersuchung in Hamburg. Behörde für Bildung und Sport, Amt für Schule, Hamburg 2002.

Lehmann, R.H./Peek, R.: Aspekte der Lernausgangslage von Schülerinnen und Schülern der fünften Klassen an Hamburger Schulen. Bericht über die Untersuchung im September 1999. Humboldt Universität zu Berlin, Berlin 1997.

Liegle, L.: Bildungskulturen im Kindergarten. In: Diskowski, D./Hammes-Di Bernardo, E. (Hrsg.): Lernkulturen und Bildungsstandards. Schneider Hohengehren, Baltmannsweiler 2004, S. 12–22.

Liegle, L.: Kind und Kindheit. In: Fried, L./Dippelhofer-Stiem, B./Honig, M.-S./Liegle, L.: Pädagogik der frühen Kindheit. Beltz, Weinheim/Basel 2003, S. 14–53.

Marsh, G./Friedmann, M.P./Welch, V./Desberg, P.: A cognitive-developmental approach to reading acquisition. In: MacKinnon, G./Waller, T. (Hrsg.), Reading research: Advances in theory and practice. Bd. 3. Academic Press, New York 1981.

Marsh, H. W.: Verbal and math self-concepts: An internal/external frame of reference modell. In: American Educational Research Journal, 23, 1986, S. 129–149.

Mayer, N.: Fremdsprachenunterricht in der Grundschule. In: Hellmich, F. (Hrsg.): Lehren und Lernen nach IGLU – Grundschulunterricht heute. Didaktisches Zentrum (DiZ), Oldenburg 2005, S. 225–236.

Meijnen, G.W.: From Six to Twelve. Different School Careers in Primary Education. In: Zeitschrift für Sozialisationsforschung und Erziehungssoziologie, 7, 1987, S. 209–225.

Merkens, H.: IGLU und die Folgen – Einleitende Bemerkungen. In: Merkens, H. (Hrsg.): Lehrerbildung: IGLU und die Folgen. Leske + Budrich, Opladen 2004, S. 9–16.

Meyer, H.: Was ist guter Unterricht? Cornelsen Scriptor, Berlin 2004.

Ministerium für Schule, Jugend und Kinder des Landes Nordrhein-Westfalen: Erfolgreich starten! Schulfähigkeitsprofil als Brücke zwischen Kindergarten und Grundschule. Eine Handreichung. Verfügbar unter: http://www. tageseinrichtungen.nrw.de/pisa/schufaeprof.pdf (Datum des Zugriffs: 19.07. 2005).

Mischke, W.: Modul 4: Fehleranalyse, Diagnostik und Förderplanung. In: Kiper, H./Meyer, H./Mischke, W./Wester, F.: Qualitätsentwicklung in Unterricht und Schule. Das Oldenburger Konzept. Didaktisches Zentrum (DiZ), Oldenburg 2004, S. 175–209.

Möller, K./Jonen, A./Hardy, I./Stern, E.: Die Förderung von naturwissenschaftlichem Verständnis bei Grundschulkindern durch Strukturierung der Lernumgebung. In: Zeitschrift für Pädagogik, 45.Beiheft, 2002, S. 176–191.

Möller, K.: Naturwissenschaftliches Lernen in der Grundschule – Welche Kompetenzen brauchen Grundschullehrkräfte? In: Merkens, H. (Hrsg.), Lehrerbildung: IGLU und die Folgen. Leske + Budrich, Opladen 2004, S. 65–84.

Moschner, B.: Selbstkonzept. In: Rost, D.H. (Hrsg.): Handwörterbuch Pädagogische Psychologie. Beltz/Psychologie Verlags Union, Weinheim [2]2001, S. 629–635.

National Council of Teachers of Mathematics (NCTM). Priniciples and standards for school mathematics. Author, Reston/VA 2000.

Neber, H.: Elemente entdeckenden Lernens. In: Zeitschrift für Heilpädagogik, 39, 14, 1988, S. 59–65.

Neber, H.: Entdeckendes Lernen. In: Rost, D.H. (Hrsg.): Handwörterbuch Pädagogische Psychologie. Beltz/Psychologie Verlags Union, Weinheim 2001, S. 115–121.

Montada, L.: Fragen, Konzepte, Perspektiven. In: Oerter, R./Montada, L. (Hrsg.): Entwicklungspsychologie. Beltz/Psychologie Verlags Union, Weinheim 2002, S. 3–53.

Oberhuemer, P.: Bildungskonzepte für die frühe Kindheit in internationaler Perspektive. In: Fthenakis, W.E./Oberhuemer, P. (Hrsg.): Frühpädagogik international. Westdeutscher Verlag, Wiesbaden 2004, S. 359–383.

Oberhuemer, P.: Übergang in die Pflichtschule: Reformstrategien für Europa. In: Diskowski, D./Hammes-Di Bernardo, E. (Hrsg.): Lernkulturen und Bildungsstandards. Schneider Hohengehren, Baltmannsweiler 2004, S. 152–164.

OECD: Die Politik der frühkindlichen Betreuung, Bildung und Erziehung in der Bundesrepublik Deutschland. Verfügbar unter: http://www.forum-bildung.de /files/oecd.pdf (Datum des Zugriffs: 02.03.2004).

Oelkers, J.: Gesamtschule in Deutschland. Beltz, Weinheim, Basel 2006.

Oerter, R./Dreher, M.: Entwicklung des Problemlösens. In: Oerter, R./Montada, L. (Hrsg.): Entwicklungspsychologie. Beltz/Psychologie Verlags Union, Weinheim 2002, S. 469–494.

Oerter, R.: Kultur, Ökologie und Entwicklung. In: Oerter, R./Montada, L. (Hrsg.): Entwicklungspsychologie. Beltz/Psychologie Verlags Union, Weinheim 2002, S. 72–104.

Oser, F./Baeriswyl, F.J.: Choreographies of teaching: Bringing Instruction to Learning. In: Richardson, V. (Hrsg.): Handbook of Research on Teaching. American Educational Research Association 2001.

Padberg, F.: Didaktik der Arithmetik. Elsevier, München [3]2005.

Petermann, F./Jugert, G./Rehder, A./Tänzer, U./Verbeck, D.: Sozialtraining in der Schule. Beltz, Weinheim/Basel/Berlin 1999.

Petermann, U./Petermann, F.: Training mit sozial aggressiven Kindern. Beltz/Psychologie Verlags Union, Weinheim [11]2005.

Petermann, U./Petermann, F.: Training mit sozial unsicheren Kindern. Beltz Psychologie Verlags Union, Weinheim [8]2003.

Petillon, H. (Hrsg.): Individuelles und soziales Lernen in der Grundschule – Kindperspektive und pädagogische Konzepte. Jahrbuch der Grundschulforschung. Band 5. Leske + Budrich, Opladen 2002.

Petra K./Schneider, W.: Hören, lauschen, lernen. Sprachspiele für Kinder im Vorschulalter. Würzburger Trainingsprogramm zur Vorbereitung auf den Erwerb der Schriftsprache. Vandenhoeck & Ruprecht, Göttingen 2003.

Piaget, J./Inhelder, I.: Von der Logik des Kindes zur Logik des Heranwachsenden. Essay über die Ausformung der formalen operativen Strukturen. Walter, Olten/Freiburg i.Br. 1977.

Piaget, J.: Die Äquilibration der kognitiven Strukturen. Klett, Stuttgart 1977.

Piaget, J.: Play, dreams, and imitation in childhood. Norton, New York 1951.

Pior, R.: Selbstkonzepte von Vorschulkindern. Waxmann, Münster/New York/München/Berlin 1998.

Prange, K.: Pädagogische Erfahrung. Vorträge und Aufsätze zur Anthropologie des Lernens. Deutscher Studienverlag, Weinheim 1989.

Radatz, H./Rickmeyer, K.: Handbuch für den Geometrieunterricht an Grundschulen. Schroedel, Hannover 1991.

Radatz, H./Schipper, W.: Handbuch für den Mathematikunterricht an Grundschulen. Schroedel, Hannover 1983.

Reinmann-Rothmeier, G./Mandl, H.: Unterrichten und Lernumgebungen gestalten. In: Krapp, A./Weidenmann, B. (Hrsg.): Pädagogische Psychologie. Ein Lehrbuch. Beltz/Psychologie Verlags Union, Weinheim [2]2001, S. 601–646.

Rheinberg, F.: Motivationstraining und Motivierung. In: Rost, D.H. (Hrsg.): Handwörterbuch Pädagogische Psychologie. Beltz/Psychologie Verlags Union, Weinheim [2]2001, S. 478–483.

Rodehüser, F.: Epochen der Grundschulgeschichte. Dr. Winkler, Bochum 1987.

Rollett, B.: Frühe Kindheit, Störungen, Entwicklungsrisiken, Förderungsmöglichkeiten. In: Oerter, R./Montada, L. (Hrsg.): Entwicklungspsychologie. Beltz/Psychologie Verlags Union. Weinheim 2002, S. 713–739.

Roßbach, H.-G./Nölle, K./Czerwenka, K. (Hrsg.): Forschungen zu Lehr- und Lernkonzepten für die Grundschule. Jahrbuch der Grundschulforschung. Band 4. Leske+Budrich, Opladen 2002.

Roßbach, H.-G.: Vorschulische Erziehung. In: Cortina, K.S./Baumert, J./Leschinsky, A./Mayer, K.U./Trommer, L. (Hrsg.): Das Bildungswesen in der Bundesrepublik Deutschland. Strukturen und Entwicklungen im Überblick. Rowohlt, Reinbek 2003, S. 252–284.

Rost, D.H.: Entwicklungspsychologie für die Grundschule. Klinkhardt, Bad Heilbrunn 1980, S. 9–25.

Saldern, M. von: Mehrebenenanalyse. In: Rost, D.H. (Hrsg.): Handwörterbuch Pädagogische Psychologie. Beltz/Psychologie Verlags Union, Weinheim [2]2001, S. 457–461.

Schaffner, E./Schiefele, U./Drechsel, B./Artelt, C.: Lesekompetenz. In: PISA-Konsortium Deutschland (Hrsg.), PISA 2003. Der Bildungsstand der Jugendlichen in Deutschland – Ergebnisse des zweiten internationalen Vergleichs. Waxmann, Münster/New York/München/Berlin, S. 93–110.

Scheibe, W.: Zur Geschichte der Volksschule. Band II. Klinkhardt, Bad Heilbrunn [2]1974.

Schmidt, S.: Arithmetische Kenntnisse am Schulanfang – Befunde aus mathematikdidaktischer Sicht. In: Fritz, A./Ricken, G./Schmidt, S. (Hrsg.): Rechenschwäche. Lernwege, Schwierigkeiten und Hilfen bei Dyskalkulie. Beltz, Weinheim/Basel 2003, S. 26–47.

Schmidt-Denter, U.: Vorschulische Förderung. In: Oerter, R./Montada, L. (Hrsg.): Entwicklungspsychologie. Beltz/Psychologie Verlags Union, Weinheim 2002, S. 740–755.

Schmitt, R.: Grundlegende Bildung für Europa. Frankfurt a.M.: Arbeitskreis Grundschule 2001.

Schneewind, K.A.: Familienentwicklung. In: Oerter, R./Montada, L. (Hrsg.): Entwicklungspsychologie. Beltz/Psychologie Verlags Union, Weinheim 2002, S. 105–127.

Schneider, W.: Lesenlernen. In: Rost, D.H. (Hrsg.): Handwörterbuch Pädagogische Psychologie. Beltz/Psychologie Verlags Union, Weinheim [2]2001, S. 434–441.

Schneider, W./Bullock, M./Sodian, B.: Die Entwicklung des Denkens und der Intelligenzunterschiede zwischen Kindern. In: Weinert, F.E. (Hrsg.): Entwicklung im Kindesalter. Beltz/Psychologische Verlags Union, Weinheim 1998, S. 53–94.

Schorch, G.: Grundschulpädagogik – eine Einführung. Klinkhardt, Bad Heilbrunn 1998.

Schorch, G.: Computerunterstütztes Lernen. In Einsiedler, W./Götz, M./Hacker, H./Kahlert, J./Keck, R. W./Sandfuchs, U. (Hrsg.): Handbuch Grundschulpädagogik und Grundschuldidaktik. Klinkhardt, Bad Heilbrunn ²2005, S. 345–351.

Schreiber, B.: Selbstreguliertes Lernen. Waxmann, Münster/New York/München/Berlin 1998.

Schründer-Lenzen, A.: Schriftspracherwerb und Unterricht. Leske + Budrich, Opladen 2004.

Schulz von Thun, F.: Miteinander reden. Störungen und Klärungen. Rowohlt, Reinbek 1994.

Schwartz, E.: Die Grundschule. Funktion und Reform. Georg Westermann Verlag, Braunschweig 1969.

Schwippert, K./Bos, W./Lankes, E.-M.: Heterogenität und Chancengleichheit am Ende der vierten Jahrgangsstufe im internationalen Vergleich. Bos, W./Lankes, E.-M./Prenzel, M./Schwippert, K./Valtin, R./Walther, G. (Hrsg.): Erste Ergebnisse aus IGLU. Schülerleistungen am Ende der vierten Jahrgangsstufe im internationalen Vergleich. Waxmann, Münster/New York/München/Berlin 2003, S. 265–302.

Sekretariat der Ständigen Konferenz der Kultusminister der Länder in der Bundesrepublik Deutschland: Standards für die Lehrerbildung: Bildungswissenschaften. Beschluss der Kultusministerkonferenz vom 16.12.2004 Verfügbar unter: http://www.kmk.org/doc/bschl/standards_lehrerbildung.pdf (Datum des Zugriffs: 17.01.2005).

Sekretariat der Ständigen Konferenz der Kultusminister in der Bundesrepublik Deutschland: Empfehlungen zur Arbeit in der Grundschule. Beschluss der Kultusministerkonferenz vom 2. Juli 1970 i.d.F. vom 6. Mai 1994.

Sekretariat der Ständigen Konferenz der Kultusminister in der Bundesrepublik Deutschland: Übergang von der Grundschule in Schulen des Sekundarbereiches I. Informationsunterlage des Sekretariats der Kultusministerkonferenz. Stand: Januar 2003.

Sekretariat der Ständigen Konferenz der Kultusminister in der Bundesrepublik Deutschland: Vereinbarungen über Bildungsstandards für den Primarbereich. Beschluss der Kultusministerkonferenz vom 15.10.2004.

Sekretariat der Ständigen Konferenz der Kultusminister in der Bundesrepublik Deutschland (KMK 2004a): Bildungsstandards im Fach Deutsch für den Primarbereich (Jahrgangsstufe 4). Beschluss der Kultusministerkonferenz vom 15.10.2004. Verfügbar unter: http://www.kmk.org/schul/Bildungsstandards/Grundschule_Deutsch_BS_307KMK.pdf (Datum des Zugriffs: 20. 10.2004).

Sekretariat der Ständigen Konferenz der Kultusminister in der Bundesrepublik Deutschland (KMK 2004b): Bildungsstandards im Fach Mathematik (Jahrgangsstufe 4). Beschluss der KMK vom 15.10.2004. Verfügbar unter:

http//www.kmk.org/schul/Bildungsstandards/Grundschule_Mathematik_ BS-307_KMK.pdf (Datum des Zugriffs: 20.10.2004).

Shavelson, R.J./Hubner, J.J./Stanton, G.C.: Self-concept: validation of construct interpretations. In: Review of Educational Research, 46, 1976, S. 407–441.

Skinner, B.F.: Erziehung als Verhaltensformung. Keimer, München-Neubiberg 1971.

Sodian, B./Thoermer, C./Kircher, E./Grygier, P./Günther, J.: Vermittlung von Wissenschaftsverständnis in der Grundschule. In: Zeitschrift für Pädagogik, 45.Beiheft, 2002, S. 192–206.

Sodian, B.: Entwicklung begrifflichen Wissens. In: Oerter, R./Montada, L. (Hrsg.): Entwicklungspsychologie. Beltz/Psychologie Verlags Union, Weinheim [5]2002, S. 443–468.

Sodian, B.: Wissenschaftliches Denken. In: Rost, D.H. (Hrsg.): Handwörterbuch Pädagogische Psychologie. Beltz/Psychologie Verlags Union, Weinheim [2]2001, S. 789–794.

Speck-Hamdan, A.: Der Übergang nach Klasse 4 und die Verantwortung der Schule. In: SchulVerwaltung NI SH Nr. 11/2003, S. 296–300.

Stern, E.: Wissen ist der Schlüssel zum Können. In: Psychologie heute, 30 (7), 2003, S. 30–35.

Stern, E.: Die Entwicklung schulbezogener Kompetenzen: Mathematik. In: Weinert, F.E. (Hrsg.): Entwicklung im Kindesalter. Beltz/Psychologische Verlags Union, Weinheim 1998, S. 95–113.

Sylva, K./Melhuish, E./Sammons, P./Siraj-Blatchford, I./Taggart, B./Elliot, K.: The Effective Provision of Pre-School-Education Project – Zu den Auswirkungen vorschulischer Einrichtungen in England. In: Faust, G./Götz, M./ Hacker, H./Rossbach, H.-G. (Hrsg.): Anschlussfähige Bildungsprozesse im Elementar- und Primarbereich. Klinkhardt, Bad Heilbrunn 2004, S. 154–167.

Tenorth, H.-E.: Bildungsziele, Bildungsstandards und Kompetenzmodelle. In: Diskowski, D./Hammes-Di Bernardo, E. (Hrsg.): Lernkulturen und Bildungsstandards. Schneider Hohengehren, Baltmannsweiler 2004, S. 105–115.

Terhart, E.: Fremde Schwestern – Zum Verhältnis von Allgemeiner Didaktik und empirischer Lehr-Lern-Forschung. In: Stadtfeld, P./Dieckmann, B. (Hrsg.): Allgemeine Didaktik im Wandel. Klinkhardt, Bad Heilbrunn 2005, S. 96–114.

Terhart, E.: Konstruktivismus und Unterricht. Gibt es einen neuen Ansatz in der Allgemeinen Didaktik? In: Zeitschrift für Pädagogik, 45, 1999, S. 629–647.

Tietze, W.: Pädagogische Qualität in Familie, Kindergarten und Grundschule und ihre Bedeutung für die kindliche Entwicklung. In: Faust, G./Götz, M./ Hacker, H./Rossbach, H.-G. (Hrsg.): Anschlussfähige Bildungsprozesse im Elementar- und Primarbereich. Klinkhardt, Bad Heilbrunn 2004, S. 139–153.

Topsch, W.: Einführung in die Grundschulpädagogik. Cornelsen Scriptor, Berlin 2004.

Toulmin, S.E.: Der Gebrauch von Argumenten. Scriptor, Kronberg 1975.

Ulich, M.: Literacy. Sprachliche Bildung im Elementarbereich. In: Bezirksregierung Hannover. Dezernat 407. Niedersächsisches Landesjugendamt. Jugendhilfe in Niedersachsen. Sonderausgabe 8: Sprachförderung im Kindergarten. Hannover 2003.

Valtin, R.: Mit den Augen der Kinder. Freundschaft, Geheimnisse, Lügen, Streit und Strafe. Rowohlt, Reinbek 1991.

Valtin, R.: Dem Kind in seinem Denken begegnen – Ein altes, kaum eingelöstes Postulat der Grundschuldidaktik. In: Leschinsky, A. (Hrsg.): Die Institutionalisierung von Lehren und Lernen. Beltz, Weinheim 1996, S. 173–186.

Valtin, R.: Grundschulpädagogik als empirische Forschungsdisziplin. In: Zeitschrift für Pädagogik, 46, 4, 2000, 555–570.

Valtin, R.: Was ist ein gutes Zeugnis? Noten und verbale Beurteilungen auf dem Prüfstand. Juventa, Weinheim/München 2002.

Valtin, R.: Grundschule – die Schule der Nation. Überlegungen zum Bildungsauftrag der Grundschule. In: Lehren und Lernen. Zeitschrift für Schule und Innovation in Baden-Württemberg, 32 (2), 2006, S. 4–11.

Weinert, F.E.: Instruktion als Optimierung von Lernprozessen. Teil I. Lehrmethoden. In: In Weinert, F.E./Graumann, C.F./Heckhausen, H./Hofer, M. (Hrsg.): Pädagogische Psychologie (Bd. 2). Fischer, Frankfurt a.M. 1974, S. 795–826.

Weinert, F.E.: Kognitives Lernen: Begriffsbildung und Problemlösen. In Weinert, F.E./Graumann, C.F./Heckhausen, H./Hofer, M. (Hrsg.): Pädagogische Psychologie (Bd. 2). Fischer, Frankfurt a.M. 1974, S. 657–683.

Weinert, F.E.: Lernübertragung. In: Weinert, F.E./Graumann, C.F./Heckhausen, H./Hofer, M. (Hrsg.): Pädagogische Psychologie (Bd. 2). Fischer, Frankfurt a.M. 1974, S. 739–762.

Weinert, F.E.: Entwicklungsgemäßer Unterricht. In: Rost, D.H. (Hrsg.): Entwicklungspsychologie für die Grundschule. Klinkhardt, Bad Heilbrunn 1980, S. 207–221.

Weinert, F.E.: Lerntheorien und Instruktionsmodelle. In: Enzyklopädie der Psychologie. Serie I. Pädagogische Psychologie. Bd. 2. Psychologie des Lernens und der Instruktion. Hogrefe, Göttingen/Bern/Toronto/Seattle 1996, S. 1–48.

Weinert, F.E./Helmke, A.: Theoretischer Ertrag und praktischer Nutzen der SCHOLASTIK-Studie zur Entwicklung im Grundschulalter. In: Weinert, F.E./Helmke, A. (Hrsg.): Entwicklung im Grundschulalter. Beltz/Psychologie Verlags Union, Weinheim 1997, S. 457–474.

Weinert, F.E./Helmke, A.: Entwicklung im Grundschulalter. Beltz/Psychologie Verlags Union, Weinheim 1997.

Weinert, F.E.: Entwicklung im Kindesalter. Beltz/Psychologie Verlags Union, Weinheim 1998.

Weinert, F.E.: Das LOGIK-Projekt: Rückblicke, Einblicke und Ausblicke. In: Weinert, F.E. (Hrsg.): Entwicklung im Kindesalter. Beltz Psychologie Verlags Union, Weinheim 1998, S. 177–195.

Weinert, F.E.: Leistungsmessungen in Schulen. Beltz, Weinheim/Basel [2]2002.

Weinert, S.: Fremdsprachenerwerb in der Langzeitperspektive: Sind Kinder die besseren Sprachlerner? In: Faust, G./Götz, M./Hacker, H./Rossbach, H.-G. (Hrsg.): Anschlussfähige Bildungsprozesse im Elementar- und Primarbereich. Klinkhardt, Bad Heilbrunn 2004, S. 119–138.

Wild, E./Hofer, M./Pekrun, R.: Psychologie des Lerners. In: Krapp, A./Weidenmann, B. (Hrsg.): Pädagogische Psychologie. Ein Lehrbuch. Beltz/Psychologie Verlags Union, Weinheim [2]2001, S. 207–270.

Wimmer, H./Landerl, K.: Lese-Rechtschreib-Schwächen. In: Rost, D.H. (Hrsg.): Handwörterbuch Pädagogische Psychologie. Beltz/Psychologie Verlags Union, Weinheim [2]2001, S. 442–449.

Winter, H.: Mathematikunterricht und Allgemeinbildung. In: Mitteilungen der Gesellschaft für Didaktik der Mathematik, 61, 1995, 37–46.

Wittmann, C.: Wider die Flut der »bunten Hunde« und der »grauen Päckchen«: Die Konzeption des aktiv-entdeckenden Lernens und des produktiven Übens. In: Wittmann, C./Müller, G.: Handbuch produktiver Rechenübungen. Band 1: Vom Einspluseins zum Einmaleins. Klett, Stuttgart/Düsseldorf 1994, S. 157–171.

Wittmann, E.: Grundfragen des Mathematikunterrichts. Vieweg, Braunschweig 2002.

Wygotski, L.S.: Thought and language. MIT Press, Cambridge/MA 1962.

Stichwortverzeichnis